学点音韵学

唐作藩 著

商务印书馆
创于1897 The Commercial Press
2018年 · 北京

图书在版编目(CIP)数据

学点音韵学 / 唐作藩著 .—北京:商务印书馆,2018
ISBN 978 - 7 - 100 - 15734 - 6

Ⅰ.①学… Ⅱ.①唐… Ⅲ.①音韵学—普及读物
Ⅳ.①H014-49

中国版本图书馆 CIP 数据核字(2018)第 012163 号

学点音韵学

唐作藩 著

商 务 印 书 馆 出 版
(北京王府井大街 36 号 邮政编码 100710)
商 务 印 书 馆 发 行
北京市十月印刷有限公司印刷
ISBN 978 - 7 - 100 - 15734 - 6

2018 年 2 月第 1 版 开本 787×1092 1/32
2018 年 2 月北京第 1 次印刷 印张 4 1/4

定价:18.00 元

前　言

伯慧兄主编一套新的语言文字学通俗读物从书，以传播、普及语言文字学知识。这个创意很好，我非常赞成和拥护。我们的师辈王力先生、吕叔湘先生都非常重视语言文字学的普及工作，并且身体力行，把普及与提高结合起来，都做得很出色，硕果累累，贡献巨大。记得20世纪50年代中期他们专题讨论过如何普及语言学基础知识的问题，吕先生曾建议王力先生写一本音韵学的通俗读物，当时王先生比较忙，而我正在学习汉语史、音韵学，他就要求我边学习，边写作。于是，在他的指导下，我写了那本《汉语音韵学常识》（1958年）小册子。从此，我也立下一个志愿，就是想要通过教学与研究对向来被视为“绝学”的音韵学，加以传播与普及。半个多世纪以来我一直在朝着这一方向努力。20世纪80年代在王力先生的关怀下，出版《上古音手册》和《音韵学教程》；20世纪

90年代在王均先生的鼓励下写了《普通话语音史话》（后收入曹先擢先生主编的《百种语文小丛书》）。虽已做了一些工作，但离先师的要求还差得很远，还须继续努力。伯慧兄主编这套“大家小书”，约我写稿，我感到很高兴，但我不配称“大家”，实在很惭愧。好在伯慧兄给“大家”一词的解释是“给大家的读物”，这还差不多。

《学点音韵学》这本小书的主要内容，是20世纪80年代初我应邀在中央广播电视大学参加其选修课“中国古代文化史讲座”的部分讲课稿，当时参加讲授这门课程的有王力、谭其骧、任继愈、启功、杨伯峻、冀淑英、陈晓中、李学勤、左言东、许嘉璐、葛剑雄等12位先生。这虽然是一门普及性的选修课，但收效大，影响深，讲稿曾由中央广播电视大学出版社结集出版，并多次印刷。2003年又由广西师范大学出版社出版过一次。

此次将本人所讲《学点音韵学》作为“小书”的基础，除进行了补订之外，还收录了一些有关应用音韵学性质的内容，即讨论古籍中某些字词的读音问题的短文和两则音韵学故事。虽然也多是发表过的，但乘此机会集结在一起，希望能实现主编伯慧兄的“语言文字学‘从实践中来，到实践中去’的理念”，对帮助读者“掌握语文知识，提高语文水平”起一点点作用。不当之处，请批评指正。

唐作藩
2011 年 1 月 20 日于北京蓝旗营寓所

目　录

我国传统语言文字学始称“小学”。它包括文字、音韵、训诂三个部分。音韵学是学习和研究古代汉语与汉语历史发展的基础。所以，学点音韵学，对学习古代汉语，乃至进一步深入研究古代历史文化都有重要的意义。

一、古今语音的异同

通过学习古代汉语，我们对古代汉语的词汇、词义与现代汉语的词汇、词义的不同以及古代汉语的词类、句法与现代汉语的差异等，已经有所了解。那么，古代汉语的语音与现代汉语的语音有没有差别呢？我们诵读古书完全可以用现代普通话或者自己的方言，这似乎表明汉语的语音没有什么古今的不同，人们也似乎不需要去了解这个问题。

这实际是一种误解。我们知道，语音是语言的形式。古代汉语和现代汉语一样，也包含语音、词汇和语法三个要素，学习古代汉语，只掌握它的词汇和语法特点而不了解它的语音，是不全面的，也是不可能深入的。比如，古书里的假借问题，看来是一个文字或词汇问题，实质上是个语音的问题。例如，《愚公移山》里“河曲智叟亡以应”的“亡”，通“无”，读 wú；又如，《孙膑》中有句“今梁（魏）赵相攻，轻兵锐卒必竭于外，老弱罢于内”，其中，“罢”字不读 bà，假借为“疲”，读 pí。为什么今天读音完全不同的“亡”可以假借为“无”，“罢”可以假借为“疲”呢？因为它们的古音分别相同或相近，故称“古音通假”。所以，不懂古音就难以识破古书中的假借字，难以判断什么地方是假借，什么地方用的是本字。本来语言是个整体，词汇、语法和语音都有密切关系。古代的散文有语音的问题，古代的诗赋韵文还都有声律、押韵的问题，这更需要古音知识，更需要懂一点研究古音的音韵学。

学习音韵学，以掌握一点古音知识，首先要树立发展的观点，真正认识到古音不同于今音。下面我们就主要来谈谈古今音的差别。

现代汉语中，语音以音节为基本结构，一个音节写出来就是一个汉字。每个字音又都可以分为声母和韵母两部分。如普通话中“电”这个字，用拼音字母拼写下来就是diàn，其中，d是声母，ian是韵母。现代普通话共有22个声母（包括零声母），35个韵母。此外，汉语音节都有音高的变化，这就是声调。如“颠”和“电”，声母、韵母都相同，但声调不同，“颠”是阴平，“电”是去声。普通话有阴平、阳平、上声和去声四个声调。各地方言的声调，一般要比普通话复杂一些。语音最富有系统性。古代汉语语音与现代语音的差别也表现在字音的声母、韵母和声调三个方面。

我们先谈谈古今韵母的不同，因为这方面比较容易察觉出来。例如，唐代诗人杜甫的一首七言律诗《登高》：

风急天高猿啸哀，渚清沙白鸟飞回。
无边落木萧萧下，不尽长江滚滚来。
万里悲秋常作客，百年多病独登台。
艰难苦恨繁霜鬓，潦倒新停浊酒杯。

诗歌的特点之一就是押韵。韵脚一般在双句的末一字，七言律诗的首句也往往入韵。所以，这首《登高》的韵脚是“哀、回、来、台、杯”。这五个字用现代普通话读起来，“哀、来、台”的韵母是 ai，“回”的韵母是 ui，“杯”的韵母是 ei。三个韵母，主要元音也不一样。从现代诗韵的角度看，它们是不能互相押韵的，或者说是一种不标准的用韵。但在一千多年前的唐代这却是一种标准的押韵，因为这五个韵脚字在中古诗韵里同属一个韵。同韵就意味着主要元音和韵尾相同。我们知道，字音的韵母最完备的包括介音、主要元音和韵尾三部分，如“电”diàn 的韵母，有介音 i、主要元音 a 和韵尾 n。有的字音的韵母没有介音（如“来”lái 的韵母 ai）或韵尾（如“别”bié 的韵母 ie），或者介音、韵尾都没有（如“大”dà 的韵母 a）。但主要元音是不可缺少的。押韵的要求一般是主要元音和韵尾相同，不要求介音一致。这是“韵”和“韵母”两个概念的重要差别，即韵只要求主要元音和韵尾一致，而韵母还要看介音是否相同，所以，同韵并不等于同韵母。例如，李白的七绝《早发白帝城》：

朝辞白帝彩云间，千里江陵一日还。
两岸猿声啼不住，轻舟已过万重山。

这首诗的韵脚“间、还、山”，韵母分别是ian、uan、an，介音不同，韵母不同，但它们的主要元音和韵尾都是an，所以是同韵，可以互相押韵。在古代诗韵“平水韵”里同属于平声删韵。杜甫《登高》的韵脚“哀、回、来、台、杯”，在“平水韵”里则同属于平声灰韵。这说明它们在唐代诗韵里，其主要元音和韵尾也是相同的。不同的地方只在介音。现代普通话中“哀、来、台”的韵母读ai，“回”读ui，“杯”读ei，主要元音已不同了。这是语音演变的结果。现在有的南方方言尚未发生这种变化，“回”念huai，“杯”读bai，与“哀、来、台”等同韵。

时代越早，语音变化越大。例如，两千多年前的《诗经·周南·关雎》：

关关雎鸠，在河之洲；窈窕淑女，君子好逑。
参差荇菜，左右流之；窈窕淑女，寤寐求之。
求之不得，寤寐思服；悠哉悠哉，辗转反侧。
参差荇菜，左右采之；窈窕淑女，琴瑟友之。
参差荇菜，左右芼之；窈窕淑女，钟鼓乐之。

这首诗用现代普通话读来，首章的韵脚“鸠、洲、逑”是同韵的，第二章的前四句的韵脚“流、求”韵母都是iou，自然也同韵。但是第二章后四句的韵脚“得、侧”和“服”，现在读来，主要元音不同，一是e，一是u，差别很大。第三章的韵脚“采”和“友”、“芼”和“乐”，现在读起来，不仅主要元音不同，韵尾也不一样。不仅现代普通话不同韵，各地方言读来同韵的恐怕也不多。这是因为《诗经》的时代距离现代久远，语音的变化更大。其实汉魏时代的人读《诗经》就已经感到有些韵脚不押韵了。在基本上是反映隋唐时代语音的古诗韵“平水韵”里，这些字也属于不同的韵，如“得、侧”属职韵，而“服”在屋韵；“采”在贿韵，而“友”归有韵；“芼”属号韵，而“乐”在药韵，也是不能互相押韵的。这是因为隋唐时代距离《诗经》时代也有一千多年了，汉语的韵母系统已发生了很大的变化。

但自南北朝以来，一些研究、注释《诗经》的人由于不懂得这种不押韵的现象是语音发生变化的结果，因而提出一些不正确的解释。比如，宋代的理学家朱熹在他所著的《诗集传》中打破了对《毛诗序》的迷信，他在解释《诗经》方面是有创见、有成绩的，但对后代读起来不押韵的字所注的“叶（xié）音”却是错误的。例如，上面举的《周南·关雎》篇，朱熹于第二章“寤寐思服”的“服”字下注“叶蒲北反”，第三章“左右采之”的“采”字下注“叶此履反”，“琴瑟友之”的“友”字下注“叶羽已反”，“左右芼之”的“芼”字下注“莫报反，叶音邈”。朱熹认为，在《诗经》时代，“服”字读音跟后代一样是念“fú”的，为了和上句的“得”和下句的“侧”押韵，临时改读为 bí（即蒲北反的切音）。同样“采”字临时改读为 cǐ，“友”字改读为 yǐ，这样“采”和“友”就协韵了。“芼”本读 mào（莫报反），临时改读为 miǎo，这样可以与下句的“乐”协韵。朱熹“叶音说”的出发点就是古今语音是相同的，《诗经》用字为了押韵可以随意改读。所以，同一个字意义上并没有什么不同，朱熹也可以根据上句或下句的韵脚，任意改读。比如，同一个“友”字，在《关雎》篇里改读为“羽已反”，而在《邶风·匏有苦葉》第四章“招招舟子，人涉卬否？人涉卬否？卬须我友”里，“友”字又为“叶羽轨反”了。“羽已反”的“已”和“羽轨反”的“轨”，不仅有开合的区别，而且在上古是属于两个不同韵部的字，主要元音也是不同的。因为朱熹缺乏历史的观点，不懂得古韵不同于今韵，所以，他的“叶音说”是错误的。我们今天注释《诗经》，就不要再采用朱熹的“叶音”了。

关于古今声母的不同，也是不难领会的。古代有一种“双声诗”，整首诗用的全是声母相同的字，接近一种文字游戏，但可以拿来考查古今声母的不同。例如，南齐王融有一首五言双声诗，诗文是：

园蘅眩红蘤，湖荇炜黄花。
回鹤横淮翰，远越合云霞。

这 20 个字用现代普通话读来，有 h、x 和零声母三类声母，即“蘅、红、湖、黄、花、回、鹤、横、淮、翰、合”等读 h，“眩、荇、霞”读 x，其他“园、蘤、炜、远、越、云”读零声母，这些字的古声母是一个 h 的浊音（只有“炜”字例外），现代普通话的 h、x 和零声母的读音，都是由这个 h 的浊音分化、演变而来的。

汉字不是拼音文字，古代又没有音标符号，从唐末开始用汉字来表示声母，叫做“字母”。从敦煌发现的文献了解到，唐末僧人守温曾创制三十字母，以表示三十个声母。后来宋人又在此基础上增订为三十六字母。这就是“帮滂並明、非敷奉微、端透定泥来、知彻澄娘、精清从心邪、照穿床审禅日、见溪群疑、晓匣影喻”。音韵学上按照它们发音时声带是否颤动分为清、浊两类。清类的塞音、塞擦音由于有送气和不送气的区别，所以，又分为次清（送气的）和全清（不送气的）。古代浊的塞音、塞擦音都是不送气的，所以叫全浊。次浊指鼻音、边音和半元音。擦音（如心、邪）没有送气、不送气的区别，所以只分清、浊，也有学者把它们分别归入全清与全浊的。音韵学上还按照三十六字母的发音部位的不同分为唇、舌、齿、牙、喉，叫做“五音”。其中，唇音又分为重唇（双唇音）和轻唇（唇齿音），舌音又分为舌头音（舌尖中音）和舌上音（舌面前音），齿音又分为齿头音（舌尖前音）和正齿音（舌葉音），此外，还分出一个半舌音（舌尖边音）和一个半齿音（鼻齿音），所以又有“七音”和“九音”的说法。从现代语音学的角度来看，这些传统的名词术语虽然不甚科学，但在音韵学上已长期习惯地运用下来了，并可以用现代语音学去解释清楚，赋予它科学的含义，所以，我们要学习它、掌握它。参看下表：

清浊 / 发音部位		全清	次清	全浊	次浊	次清	次浊
唇音	重唇	帮	滂	並	明		
	轻唇	非	敷	奉	微		
舌音	舌头	端	透	定	泥		
	舌上	知	彻	澄	娘		
齿音	齿头	精	清	从		心	邪
	正齿	照	穿	床		审	禅
牙音		见	溪	群	疑		
喉音		影			喻	晓	匣
半舌音					来		
半齿音					日		

这三十六个字母基本上反映了唐宋间汉语的声母系统。每个字母代表一个声母。根据现代学者的研究，我们大致可以了解这三十六个声母的读音。比如重唇的帮母，与现代普通话的 b 相当，滂母相当于 p。並母是现代汉语所没有的，它是一个带音的不送气的（即全浊）双唇音，拼音方案没有和它相当的字母，我们可以用 b" 来表示。古代以“並”作声母的字如“皮、蒲、频、旁、被、部、背、彭、病、拔、勃”，这些字

的声母，现代普通话有的读 p，有的读 b，都清音化了；古代其他的全浊塞音、塞擦音“奉、定、澄、从、床、群”和浊擦音“邪、禅、匣”，现代也都清音化了。这是古今声母不同的突出表现。

声调方面的古今差别也很大。据史书记载，南北朝时沈约、周颙等人发现了汉语里有四声的区别，他们定名为平、上、去、入，当时汉字的读音都不超出于这四个调类，至于四声的具体调值，现在已无从考证了。古代平、上、去、入四个调类，到现代也发生了很大的变化。现代普通话的声调是阴平、阳平、上声和去声。阴平和阳平大都是由古代的平声分化而来的。例如，李白的《早发白帝城》：

朝辞白帝彩云间，千里江陵一日还。
两岸猿声啼不住，轻舟已过万重山。

诗中韵脚“间、还、山”，今天分别读阴平和阳平，古代不分阴阳，在“平水韵”里同属平声删韵，所以，可以押韵和谐，韵脚都不分阴阳。

古代上声字到现代，有一部分变为去声。例如，王维的《新晴晚望》诗：

新晴原野旷，极目无氛垢。
部门临渡头，村树连溪口。
白水明田外，碧峰出山后。
农月无闲人，倾家事南亩。

其中，“垢、后”，本与“口、亩”一样，古代都是上声字，在“平水韵”里同属上声有韵，现代却读去声了。又如，陶渊明的《读山海经》诗：

精卫衔微木，将以填沧海。
刑天舞干戚，猛志固常在。
同物既无虑，化去不复悔。
徒设在昔心，良辰讵可待！

这也是一首押上声韵的古诗，其韵脚“海、悔”今天仍读上声，而“在、待”则变读为去声了。

古代声调到现代普通话里，变化最大的是入声。现代普通话里已经没有入声这个声调，原来的入声字，现在已分别转读为阴平、阳平、上声和去声了。如王昌龄的《秋兴》诗：

日暮西北堂，凉风洗修竹。
著书在南窗，门馆常肃肃。
苔草延古意，视听转幽独。
或问余所营，刈黍就寒谷。

韵脚“竹、肃、独、谷”，在“平水韵”里都属于入声屋韵，但在现代普通话里，“竹、独”读阳平，“谷”读上声，而“肃”读去声。又如，杜甫的五言古体长诗《北征》：

皇帝二载秋，闰八月初吉。杜子将北征，苍茫问家室。

维时遭艰虞，朝野少暇日。顾惭恩私被，诏许归蓬荜。

拜辞诣阙下，怵惕久未出。虽乏谏诤姿，恐君有遗失。

君诚中兴主，经纬固密勿。东胡反未已，臣

甫愤所切。

挥涕恋行在，道途犹恍惚。乾坤含疮痍，忧虞何时毕？

靡靡踰阡陌，人烟眇萧瑟。所遇多被伤，呻吟更流血。

回首凤翔县，旌旗晚明灭。前登寒山重，屡得饮马窟。

邠郊入地底，泾水中荡潏。猛虎立我前，苍崖吼时裂。

菊垂今秋花，石戴古车辙。青云动高兴，幽事亦可悦。

山果多琐细，罗生杂橡栗。或红如丹砂，或黑如点漆。

雨露之所濡，甘苦齐结实。缅思桃源内，益叹身世拙。

坡陀望鄜畤，岩谷互出没。我行已水滨，我仆犹木末。

鸱鸟鸣黄桑，野鼠拱乱穴。夜深经战场，寒月照白骨。

潼关百万师，往者散何卒。遂令半秦民，残

害为异物。

况我堕胡尘，及归尽华发。经年至茅屋，妻子衣百结。

恸哭松声回，悲泉共幽咽。平生所娇儿，颜色白胜雪。

见耶背面啼，垢腻脚不袜。床前两小女，补绽才过膝。

海图坼波涛，旧绣移曲折。天吴及紫凤，颠倒在短褐。

老夫情怀恶，呕泄卧数日。那无囊中帛，救汝寒凛慄。

粉黛亦解苞，衾裯稍罗列。瘦妻面复光，痴女头自栉。

学母无不为，晓妆随手抹。移时施朱铅，狼藉画眉阔。

生还对童稚，似欲忘饥渴。问事竞挽须，谁能即嗔喝。

翻思在贼愁，甘受杂乱聒。新归且慰意，生理焉能说。

至尊尚蒙尘，几日休练卒。仰观天色改，坐

觉袄气豁。

阴风西北来，惨淡随回纥。其王愿助顺，其俗善驰突。

送兵五千人，驱马一万匹。此辈少为贵，四方服勇决。

所用皆鹰腾，破敌如箭疾。圣心颇虚伫，时议气欲夺。

伊洛指掌收，西京不足拔。官军请深入，蓄锐何俱发。

此举开青徐，旋瞻略恒碣。昊天积霜露，正气有肃杀。

祸转亡胡岁，势成擒胡月。胡命其能久，皇纲未宜绝。

忆昨狼狈初，事与古先别。奸臣竟菹醢，同恶随荡析。

不闻夏殷衰，中自诛褒妲。周汉获再兴，宣光果明哲。

桓桓陈将军，仗钺奋忠烈。微尔人尽非，于今国犹活。

凄凉大同殿，寂寞白兽闼。都人望翠华，佳

气向金阙。

园陵固有神，扫洒数不缺。煌煌太宗业，树立甚宏达。

这首诗所押的70个韵脚字，除“日、卒”重出，共有68个韵字，都是古入声。现在分别读作阴平（如“出、失、惚、窟、漆、膝、说、缺、喝、突、发、杀、析”）、阳平（如“吉、辙、实、拙、穴、结、折、碣、绝、别、妲、卒、纥、决、疾、夺、拔、哲、活、阒、达”）、上声（如“血、骨、雪、渴”）、去声（如“室、日、荜、匆、切、毕、瑟、灭、潏、裂、悦、栗、没、末、物、发、咽、袜、褐、慄、列、栉、抹、喝、阔、聒、豁、月、烈、阙”）。

总的来看，古代的入声字，现代普通话读去声的最多，有将近一半，其次是阳平，读上声的最少。这是南北朝到隋唐间的四声和现代普通话四声的区别，至于《诗经》时代的声调，又与南北朝时期有所不同。

《诗经》时代的声调是个什么情况，有多少调类，音韵学家尚有不同的看法。但从《诗经》押韵来看，当时肯定是有声调的。如上举《周南·关雎》的例子，

第一章以“鸠、洲、逑”为韵、第二章前四句以“流、求”为韵，都是平声字；第三章前四句以“采、友”为韵，都是上声字，第二章后四句以“得、服、侧”为韵，都是入声字。决不是偶然的。这说明《诗经》时代的声调和南北朝时期的四声，还有某些共同的地方，即有历史的传承关系。但由于《诗经》时代已距南北朝一千余年，某字归某调又有了一些变化。例如，“庆”字在《诗经·小雅·裳裳者华》第二章里：

裳裳者华，芸其黄矣。
我觏之子，维其有章矣。
维其有章矣，是以有庆矣。

“庆”字与“华、黄、章、章”押韵，从“平水韵”的角度看，这是去声“庆”和平声字相押。但在《诗经》里，“庆”字七次用作韵脚，全都与平声字相押，这只能说明它在上古本来就是属于平声一类。“庆”读去声是后来的变化。在《诗经》里，还有一些后代上声字常与平声字押韵，又有一些古去声字常与入声字押韵。这是上古声调和后代声调不同的具体表现。

通过以上的分析，我们得知了汉字的古今读音是不相同的，字音的声、韵、调古今是有差别的。不仅古代和现代不同，而且上古和中古也有差别。

二、古音概说

这里所谓的“古音”，是指古代汉族书面语言的语音。

汉族的书面语最早见于三千多年前殷商时代的甲骨文，但甲骨文反映的古音材料很少，难以看出当时的语音特点。所以，我们讨论的古音是从两周时代说起的。从周秦到现代也已有两千多年的历史了。其间汉语语音也在不断地发展变化。根据现有的研究成果，我们可以把汉语语音的发展历史大致分为上古、中古、近古和现代四个时期。现代语音是指以北京音系为标准音的现代汉语的语音。古代三个时期，一般是指以周代《诗经》音为代表的先秦两汉的上古音，以隋代

《切韵》音系为代表的南北朝到唐宋的中古音，以及以元代《中原音韵》为代表的近古音（也称“近代音”）。

就学习古代汉语来说，掌握上古音是用处最多、作用最大的。但从学习音韵学来说，中古的《切韵》音系又是基础。前人就是在《切韵》的基础上，上溯古音，下推今音的。所以，我们这节讲“古音概说”，先介绍一点中古《切韵》音的知识，然后讨论上古音。

《切韵》是隋代解决南北朝的分裂局面、统一全国之后新编的一部韵书。韵书是按韵编排的，是供诗人选字用韵的。《切韵》的作者有颜之推、萧该、卢思道、刘臻、魏渊、李若、辛德源、薛道衡等八人，执笔的是陆法言。由于这些作者大都是当时著名的士大夫，所以，《切韵》编写出来以后，很有影响，受到文人的广泛推崇，唐宋王朝都用它作为科举取士的标准。后来为《切韵》增字加注的人不少。著名的有唐代王仁昫的《刊谬补缺切韵》，孙愐的《唐韵》和宋代陈彭年、丘雍等的《广韵》。字数不断增加，篇幅不断扩大，书名也改了，但体例和音系基本上没有什么变化。现存最早的比较完整的《切韵》是王仁昫的《刊谬补缺切韵》唐写本。而《唐韵》写本已残缺不全。只有《广韵》有很多种刻印本，流传最广。1982 年北京中国书店还影印过，书名为《宋本广韵》。1983 年上海古籍出版社又影印一种《钜宋广韵》。现代学者的校本最有影响的则有周祖谟的《广韵校本》（中华书局，1960 年）和余迺永《新校互注宋本广韵》（上海辞书出版社，2000 年）。2011 年台湾台北洪葉文化事业有限公司出版了李添富教授主编的《新校宋本广韵》修订二版。

《广韵》是广切韵，即《切韵》的扩大的意思，全名《大宋重修广韵》。它以平、上、去、入四声为纲，共分五卷，平声因字多分为上、下两卷，上平 28 韵，下平 29 韵，共 57 韵，上声一卷 55 韵，去声一卷 60 韵，入声一卷 34 韵，合计 206 韵。它基本上是以隋唐时代的洛阳音为基础，吸收了一些魏晋以来的古音和方音成分，故分韵多而细。诗人们都苦其苛细，感到难以遵守，所以，唐初时就有“同用”、“独用”的规定。“同用”就是允许人们可将某些邻近的韵合起来用，这实际上也反映了语音的变化。比如《切韵》、《广韵》音系里“支、脂、之”分三个韵，肯定古韵是有区别的，但唐宋功令的规定，三韵可以同用，这表明唐以后的口语里一般没有区别了。所以，到南宋，江北平水刘渊著《壬子新刊礼部韵略》就将《广韵》中允许同用的韵索性合并起来，成为107韵。与此同时，金人王文郁著《平水新刊韵略》则归并为106韵。这106韵就是后来作律诗需要遵循的“平水韵”。

“平水韵”包括平声30韵（上平15，下平15）、上声29韵、去声30韵、入声17韵。下表是平水韵106韵（括号里是该韵所包括的《广韵》韵目）：

平水韵106韵

上平声	上声	去声	入声
一东	一董	一送	一屋
二冬（鍾）	二肿	二宋（用）	二沃（烛）
三江	三讲	三绛	三觉
四支（脂之）	四纸（旨止）	四寘（至志）	
五微	五尾	五未	
六鱼	六语	六御	
七虞（模）	七麌（姥）	七遇（暮）	
八齐	八荠	八霁	
		九泰	
九佳（皆）	九蟹（骇）	十卦（怪夬）	
十灰（咍）	十贿（海）	十一队（代废）	
十一真（谆臻）	十一轸（准）	十二震（稕）	四质（术栉）
十二文（欣）	十二吻（隐）	十三问（焮）	五物（迄）

（续表）

上平声	上声	去声	入声
十三元（魂痕）	十三阮（混很）	十四愿（慁恨）	六月（没）
十四寒（桓）	十四旱（缓）	十五翰（换）	七曷（末）
十五删（山）	十五潸（产）	十六谏（裥）	八黠（辖）
下平声			
一先（仙）	十六铣（狝）	十七霰（线）	九屑（薛）
二萧（宵）	十七篠（小）	十八啸（笑）	
三肴	十八巧	十九效	
四豪	十九皓	二十号	
五歌（戈）	二十哿（果）	二十一箇（过）	
六麻	二十一马	二十二祃	
七阳（唐）	二十二养（荡）	二十三漾（宕）	十药（铎）
八庚（耕清）	二十三梗（耿静）	二十四敬（诤劲）	十一陌（麦昔）
九青	二十四迥（拯等）	二十五径（证嶝）	十二锡
十蒸（登）			十三职（德）
十一尤（侯幽）	二十五有（厚黝）	二十六宥（候幼）	
十二侵	二十六寝	二十七沁	十四缉
十三覃（谈）	二十七感（敢）	二十八勘（阚）	十五合（盍）
十四盐（添）	二十八琰（忝俨）	二十九艳（㮇酽）	十六葉（帖）
十五咸（衔严凡）	二十九豏（槛范）	三十陷（鉴梵）	十七洽（狎业乏）

平声也因字多分为上平、下平两卷。这“平水韵”106韵，虽然是南宋时才有的，但它是以《切韵》、

《广韵》音系为基础的，唐代诗人用韵的实际情况也与它大致相符。所以，“平水韵”的 106 韵基本上反映了中古音的韵部系统，而上节介绍的唐宋三十六字母则代表了中古音的声母系统。

下面介绍上古音。

上古时期没有韵书，研究上古音的根据主要是先秦两汉的韵文和形声字。韵文中又以《诗经》为主要依据，因为它材料比较集中（共 305 篇，除极少数篇章外，都是有韵的），时代比较可靠（《诗经》中诗篇的创作时代，大约上自西周初期即公元前 11 世纪，下至春秋中期即公元前 6 世纪）。清代的古音学家都是从归纳《诗经》的用韵入手的。我们知道，诗歌里能够互相押韵的字，一般都是主要元音和韵尾相同的，《诗经》也不例外。后代人读《诗经》，有的读起来不押韵了，那是由于语音发生了变化。例如，《诗经·鄘风·相鼠》第一章：

相鼠有皮，人而无仪。人而无仪，不死何为？

这章的韵脚是“皮、仪、仪、为”，用现代普通话来读，

“皮、仪”的韵母是i，“为”的韵母是uei，基本上是押韵的。而《诗经·召南·羔羊》第一章：

羔羊之皮，素丝五纶。退食自公，委蛇委蛇。

这章的韵脚是“皮、纶、蛇”，用现代普通话读，“皮pi”和“纶tuo”的韵母不同，“蛇”，今读she，韵母是e，这里通“迤”，念yi，与“纶tuo”的韵母也不同，按今音是不能押韵的。但依《诗经》的一般韵例，它们都处在韵脚的地位上。在《诗经》里这种现代读i韵母可以与现代一些读o或uo韵母的以及读e韵母的字相押，甚至与现代读a韵母的字相押。如《诗经·鄘风·君子偕老》第一章：

君子偕老，副笄六珈。委委佗佗，如山如河。
如山如河，象服是宜。子之不淑，云如之何？

这章诗里的韵脚是“珈”与“佗、河、宜、何”相押；又《王风·丘中有麻》第一章：

丘中有麻，彼留子嗟。彼留子嗟，将其来施施。

此章则是“麻”和“嗟、施”相押。这不是偶然的。表明它们在《诗经》时代，读音是相近的，可能它们的主要元音也是相同的。清代古音学家就是将《诗经》里这些可以互相押韵的字联系、归纳在一起，同属于一个韵部，如皮、仪、为、纶、蛇、何、禾、离、施、珈、佗、他、猗、宜、彼、磋、磨、罗、罹、那、吪、麻、嗟、加、池、歌、莪、驾、驰、破、阿、沙、多、嘉等。拿它们和中古音比较，发现它们在“平水韵”里分属于歌韵（《广韵》歌戈韵）、支韵和麻韵，也就是说，上古这一韵部包括了中古的歌（戈）韵字和支韵一部分字以及麻韵一部分字。清初顾炎武在建立韵部之始，将这些字归在他的第六部。后来的学者取《广韵》的韵母为上古韵部定名，如将顾炎武的第六部叫做“歌部”，这样便于比较，便于看出上古韵部和中古韵的历史关系。

顾炎武是第一个对上古音进行系统的分部研究的学者，他审核了《诗经》全书1900多个韵字，并与《广韵》所收韵字进行比较，归纳为“古韵十部”。顾氏十部之分虽然还很粗疏，但开创之功是不可磨灭的。后来的古音学家（包括现代的学者）在顾炎武的基础上，又进一步考查了《诗经》、《楚辞》和先秦两汉的韵文以及谐声偏旁，取材越来越丰富，方法越来越缜密，分部也越来越精细。如江永分古韵为 13 部，段玉裁分古韵为 17 部，孔广森、朱骏声各分古韵为 18 部，王念孙、江有诰各分古韵为 21 部，章太炎先生分古韵为 23 部。如果从审音出发，把入声韵部都从阴声韵部中独立出来，分部就更多。如江永分古韵为 21 部，戴震分古韵为 9 类 25 部，黄季刚先生分古韵为 28 部。王力先生在《汉语史稿》里分古韵为 29 部，后来在他主编的《古代汉语》里则分古韵为 30 部，并依主要元音的异同与远近，将 30 韵部按阴、入、阳相配，归纳为 11 类。韵部分阴、阳、入三类与声调无关，是按它们韵尾的不同而分类的。阴声韵是指开韵尾或以元音收尾的韵；入声韵是指以塞音［-p］、［-t］、［-k］收尾的韵，现代普通话和许多北方话里已无入声韵，只有广州方音比较完整地保存了塞音收尾的入声韵，如“十［sap］”、“一［yat］”、“六［lok］”。阳声韵是指以鼻音收尾的韵。如现代普通话收［-n］尾的 an、en 和收［-ŋ］尾的 ang、eng 等；古代的阳声韵，除了有收［-n］尾、［-ŋ］尾的，还有一种收［-m］尾的，如“三［sam］”。

下面是古韵 11 类 30 部：

	阴声韵	入声韵	阳声韵
第一类	［ə］之部〔一〕	［ək］职部	［əŋ］蒸部
第二类	［u］幽部	［uk］觉部	［uŋ］冬部
第三类	［o］宵部	［ok］药部	
第四类	［ɔ］侯部	［ɔk］屋部	［ɔŋ］东部
第五类	［a］鱼部	［ak］铎部	［aŋ］阳部
第六类	［e］支部	［ek］锡部	［eŋ］耕部
第七类	［ai］歌部	［at］月部	［an］元部
第八类	［ei］脂部	［et］质部	［en］真部
第九类	［əi］微部	［ət］物部	［ən］文部
第十类		［əp］缉部	［əm］侵部
第十一类		［ap］盍部	［am］谈部

〔一〕 这里的标音用的是国际音标，所以加上方括号［ ］。

这30部虽然主要是根据《诗经》押韵归纳出来的，但对先秦两汉的韵文有很大的普遍性。例如，屈原《离骚》中的一段：

> 昔三后之纯粹兮，固众芳之所在。杂申椒与菌桂兮，岂维纫夫蕙茝？彼尧舜之耿介兮，既遵道而得路。何桀纣之猖披兮，夫唯捷径以窘步。惟夫党人之偷乐兮，路幽昧以险隘。岂余身之惮殃兮，恐皇舆之败绩。忽奔走以先后兮，及前王之踵武。荃不察余之中情兮，反信谗而齌怒。余固知謇謇之为患兮，忍而不能舍也。指九天以为正兮，夫唯灵修之故也。曰黄昏以为期兮，羌中道而改路。初既与余成言兮，后悔遁而有他。余既不难夫离别兮，伤灵修之数化。

这一段的韵脚是“在、茝、路、步、隘、绩、武、怒、舍、故、路、他、化”。“在、茝”属之部，“路、步”属铎部，“隘、绩”属锡部，“武、怒、舍、故”属鱼部，“他、化”属歌部。和《诗经》押韵没有什么不同。汉代韵文用韵一般较宽，与《诗经》韵也基本一致。

如赵壹《刺世疾邪赋》的第一段：

> 伊五帝之不同礼，三王亦又不同乐。数极自然变化，非是故相反驳。德政不能救世溷乱，赏罚岂足惩时清浊？春秋时祸败之始，战国愈复增其荼毒。秦汉无以相逾越，乃更加其怨酷。宁计生民之命？为利己而自足。

这段的韵脚中，“乐、驳”相押属药部，“浊、毒、酷、足”相押属屋、觉二部合韵。合韵是指两个邻近韵部的字由于主要元音相近可以合押。这里的“浊、足”属屋部，主要元音是［u］，“毒、酷”属觉部，主要元音是［ɔ］，［ɔ］与［u］部位相近，只是发音时一个开一点，一个合一点，所以，容易押在一起。这种相邻的韵部之间的合韵，在《诗经》里就已存在了。例如，《静女》第二章后二句：

> 彤管有炜，说怿女美。

这是微部的“炜”字与脂部的“美”字合韵。又如，

《关雎》末章后四句：

参差荇菜，左右芼之。窈窕淑女，钟鼓乐之。

这是宵部的“芼”和药部的“乐”合韵。这种阴声韵和入声韵合韵，是主要元音相同，唯韵尾不一样，这与阴声韵之间或入声韵之间或阳声韵之间的合韵性质不完全相同。所以，为了加以区别，有的把阴入之间或是阴阳之间的合韵另叫做“通韵”。

《诗经》和先秦其他韵文的入韵字总是有限的，而且有不少重复，不可能把上古出现的汉字都包括在归纳的30韵部里。对那些许多没有被用作韵脚的字，古音学家则主要根据形声字的声符来归类的。我们知道，形声字是由声符和意符两部分组成的。例如，“河”字，水旁是意符，指明“河”是属于水这个范畴的，而“可”则是“河”的声符。声符是表示这个形声字的读音的。现在看来，有的形声字和它的声符读音差别很大，如“江”从工声，“義”从我声，这是语音变化的结果。上古时期离造字的时代不远，形声字和它的声符读音是相同或相近的。从韵部的角度看，在上古，同声符的字一般都同属一个韵部，例如，“我”属歌部，从“我”得声的“俄、娥、峨、涐、莪、蛾、義、莪、锇、饿、鹅……”以及从“義”得声的“儀、檥、蟻、議……”等字也属歌部。同样，我们知道了“皮”、“也”、“可”属歌部。那么，从“也”得声的“彼、披、波、陂、破、被、跛、颇……”等字，从“也”得声的“他、地、池、迤、施、驰……”等字，以及从“可”得声的“坷、河、奇、阿、苛、荷、歌、骑……”等字也都属歌部。汉字里的形声字超过80%，如此，根据声符就可以把先秦出现的字差不多都分别归属到古韵各部之中。王力先生主编的《古代汉语》教材中所附“古韵三十部常见谐声表”，就是在《诗经》韵字的基础上，根据“同谐声者必同部”的原则而制定的。

但是殷商的甲骨文就已出现了形声字。一些形声字的产生时代要早于《诗经》时代。因此，从谐声的角度去看《诗经》某些诗篇的押韵，有时感到不合，如《卫风·竹竿》第三章一例：

淇水在右，泉源在左。巧笑之瑳，佩玉之傩。

这里的韵脚是“左、瑳、傩”。“左、瑳”是歌韵字不成问题，但“傩”字属什么韵部？从押韵来看，也应属歌部；但从谐声来看，“傩”从难声，难声在元部，属阳声韵，而歌部是阴声韵。这就是说，“傩”字已从阳声韵元部转变到阴声韵歌部去了，音韵学上把这种情况叫做“阴阳对转”。“对转”一般要求主要元音相同，如歌部和元部同属第七类，主要元音都是［a］。“傩”字由［nan］变读［na］，韵尾［-n］脱落了，这是阳声韵变阴声韵。至于“傩”字现代读nuo，那又是唐宋以后的变化了。《诗经》里也有阴声韵变为阳声韵的例子，例如，《小雅·六月》第三章前四句：

四牡修广，其大有颙。薄伐猃狁，以奏肤公。

韵脚是“颙、公”。“颙”字从“禺”声，“禺”属侯部，但在《诗经》里，“颙”字已不读阴声侯部的［ɔ］，而与“公”一样，读为阳声东部了（即读［ĭɔŋ］）。

在上古音系里，“阴阳对转”也包括“入阳对转”，即入声和阳声之间也发生了转化。例如，《桧风·匪风》第一章：

匪风发兮，匪车偈兮。顾瞻周道，中心怛兮。

韵脚为“发、偈、怛”。其中“发、偈”属入声韵月部，而“怛”从“旦”得声，“旦”属元部。这说明“怛”字的读音已由阳声的元部［an］转到入声的月部［at］了。主要元音也相同，只是韵尾［-n］变为［-t］。在《诗经》里，入声韵和阴声韵关系比较密切，所以，很多古音学家往往把相关的入声韵并入阴声韵部，入阳对转也就是阴阳对转。

在《诗经》韵部系统里，这种从别的韵部转到本部来的字，我们把它称作“散字”，如王力先生主编的《古代汉语》教材第 1037 页歌部的散字，除了“傩”，还有“播”；月部的散字，除了“怛”，还有“厉”，其他韵部里也有不少附有这种从他部转入到本部来的散字。

不过，这种“散字”并不都属于“阴阳对转”的情况。例如，之部里的“裘”字，它从“求”得声，本属幽部，但在《诗经》里，它只与之部字相押，而从不与幽部字相押。例如，《秦风·终南》首章：

终南何有？有条有梅。君子至止，锦衣狐裘。颜如渥丹，其君也哉。

韵脚是“梅、裘、哉”，“梅、哉”是之部字。这表明“裘”字已由幽部转到之部。“幽、之”是相邻的两个阴声韵部，主要元音相近，所以可能转化。这种情况，音韵学上叫做“旁转”。王力先生主编的《古代汉语》谐声表中，宵部的散字“呶”，侯部的散字“饫”，微部的散字“绥”也属于“旁转”。“旁转”的条件是主要元音必须相近。

这里再强调一点，“对转”、“旁转”和上面说到的“合韵”、“通韵”性质是不同的。“对转”、“旁转”是语音发展的现象，而“合韵”、“通韵”是一种临时的、偶然的情况。必须认识清楚，不可混为一谈。但是，无论“对转”、“旁转”，或者“合韵”、“通韵”，都是从研究《诗经》的用韵中分析归纳出来的，反过来，了解了“对转”、“旁转”与“合韵”、“通韵”的情况和规律，对我们阅读《诗经》，掌握上古韵部系统，是很有帮助的。

但是，《诗经》和先秦其他韵文解决不了上古声母的问题，研究上古的声母系统，形声字是一项重要的材料。因为形声字中的声符既然是表示读音的，那么，同谐声者不仅韵部相同，声母也应该是相同或者很相近的。事实也确实如此，例如，“纲”从“冈”声，“轲”从“可”声，“琴”从“今”声，“奴”从“女”声，“例”从“列”声等。当然，由于语音的发展变化，古今有所不同，从后代的读音去看形声字，就会发现许多差异，例如，“江”从“工”声，“江”的声母是 j，“工”的声母是 g。又如，“悲”从“非”声，“潘”从“番”声，“蓬”从“逢”声，“闵”从“文”声；又如，“澄”从“登”声，“挑”从“兆”声，“坠”从“队”声，等等。这种形声字和它的声符读音的不同，反映了上古声母的特点。

除形声字之外，还有古籍中的通假字以及声训和注音也是反映上古声母不同于后代的重要材料。通假字是一种异文，是同一个词的不同写法，或是由于古音相同或者相近而写了一个别字。例如，古代传说中的太昊帝“伏羲”氏，有的古书写作“庖牺”或“包犧”(《易经》)，有的又作“苾羲”(《汉书》)。又如《诗经·小雅·车攻》:“东有甫草”，韩诗引作“圃草”。“伏”与“庖”、“包”或“苾”，“甫”与“圃”，虽然今音声母不同，但是在上古应该是相同的，所以才可以通假。

声训是以读音相同或相近的字（词）去解释另一个字（词）。如《诗经·小雅·车舝》："陟彼高岗"，郑玄笺："陟，登也。"东汉刘熙的《释名》全是用的声训，如："晋，进也，其地在北，有事于中国则进而南也。""负，背也，置项背也。"其中，"负"与"背"、"陟"和"登"，彼此的声母今天差别甚大，但上古则是音同或音近。

古书注音指汉魏以后的人为先秦两汉的古书注的音。例如，《庄子·逍遥游》："其名为鹏"，《释文》："鹏……崔（譔）音凤。"又如《诗经·卫风·淇奥》："绿竹猗猗"，《释文》："韩诗竹作薄，音徒沃反。""徒沃反"音近"笃"。"笃"与"竹"的声母，"鹏"与"凤"的声母今音也相距很远，但在上古一定是相同或相近的。

清代古音学家钱大昕根据上述材料研究了上古的唇音声母和舌音声母，得出了上古只有重唇音"帮、滂、並、明"，没有轻唇音"非、敷、奉、微"；只有舌头音"端、透、定、泥"，而没有舌上音"知、彻、澄、娘”的结论。近代的一些学者还研究了上古的齿音与牙喉音的问题。上古声母系统的问题比较复杂，现在尚未取得让大家都能接受的意见。王力先生主编的《古代汉语》提出的上古三十二声母也只是一家之言。三十二声母与三十六字母比较：

（1）唇音少了非、敷、奉、微四个，只有重唇帮、滂、並、明四个。这是说，三十六字母里的非母在上古读作帮母，敷母读作滂母，奉母读作並母，微母读作明母。这是钱大昕证明了的。现在已很少有人不同意这种看法了。

（2）三十六字母的舌上音知、彻、澄、娘，在上古分别并入舌头音端、透、定、泥。这也是钱大昕的意见。上古的舌音中还有照（甲）、穿（甲）、床（甲）、审（甲）、禅、日、来母。照（甲）、穿（甲）、床（甲）和审（甲）是从三十六字母正齿音照、穿、床、审四母中分化出来的。根据黄侃先生的研究，上古的正齿音照、穿、床、审应分为两类，我们称之为甲、乙，也有另取名称的。黄侃认为甲类和舌头音端、透、定合并，乙类和齿头音精、清、从、心、邪合并，这有一定的道理。钱大昕也曾说过：“古人多舌音，后代多变为齿音，不独知、彻、澄三母为然也。”说的就是正齿音照、穿、床、审的甲类，还有禅母，上古也属舌音。半齿音日母，依章太炎先生的研究，上古归泥，也是舌音。来母本属半舌音，所以，上古的舌音，虽然少了舌上音知、彻、澄、娘四母，但又多出照（甲）、穿（甲）、床（甲）、审（甲）、禅、日等六母。此外，曾运乾先生曾著《喻母古读考》一文，认为上古喻母也应分为两部分，一部分归匣母，一部分归定母。归定母的部分，就是指三十六字母中原属喉音的喻（乙）部分，在上古也读舌音。我们从语音的演变是有条件的这一原则出发，没有将照（甲）、穿（甲）、床（甲）、审（甲）并入端组，认为它们虽然都是舌音，但在发音上还有一定的区别。同样，喻母的一部分也没有并入定母，我们把它作为一个独立的声母放在舌音里，叫做喻（甲）。这样，上古的舌音声母比起中古来不仅没有减少，而且增加了。

（3）上古齿音也还有两组，除了齿头音精、清、从、心、邪，与中古一样，正齿音照、穿、床、审四母各只剩下一半，依黄侃先生的意见，分别并入精、清、从、心四母。我们也是考虑到后代演变的条件问题，也暂时让它们独立成为一组，为了与照组的甲部分区别开来，我们把它们叫做照（乙）、穿（乙）、床（乙）和审（乙）。这样上古齿音声母共有 9 个。

（4）上古牙音见、溪、群、疑四母，与中古完全一致。上古喉音晓、影也与中古相同。只有匣母，比三十六字母的匣母内容扩大了，包括喻母（乙）部分。由于牙音和喉音发音部位相近，可以合在一起，叫牙喉音。

以上介绍了上古三十二声母系统，并比较了一下它们与中古三十六字母的异同。

我们学习、研究古音，不是为古而古，而是要解决实际问题，具体地说，就是要用来解决阅读古书时遇到的问题。比如，掌握上古的韵部系统，可以帮助我们学习、欣赏先秦两汉的韵文；掌握了上古的声母系统，则可以认识古书中的双声词语（包括双声联绵字）。古书一些双声词语，只有根据上古声母的特点才能正确理解。比如“匍匐”一词，今天读来声母不同，韵母反而相同。但在上古它是个双声联绵字，因为“匍匐”二字同属並母。“匐”在中古三十六字母里属轻唇奉母，而上古无轻唇，“匍”字的声母也是重唇並母。

相反，“匍匐”的韵母在上古是不相同的，“匐”属入声职部，而“匍”归阴声鱼部。今天都读同一韵母 u，这正是古音不同于今音的表现。

除了双声、叠韵，古书里还有通假、破读等其他一些读音问题，都需要运用古音学知识去解决。

三、古书的读音问题

古书是用文字记录下来的古代汉语的书面语。由于汉字不是拼音文字，一般来说，只要了解字的意义，掌握古代汉语的词汇和语法结构的特点，我们就可以读懂古书（当然还要懂得古代历史和文化方面的知识）。这不像欧洲人学习用拉丁文写的著作，或苏联人学习用斯拉夫语写的著作，或印度人学习用梵文写的著作，必须从学习它们的语音入手，因为古拉丁文、古斯拉夫文和古梵文都是拼音文字。而我们读古书，完全可以用自己习惯的现代汉语（或普通话，或自己的方言）。事情确实如此，但这不是说就不存在古书的读音问题了。

从理论上说，任何语言都是有声语言。我们学习一种语言（包括本民族的古代语言），如果只学习它的词汇和语法，不学古代语言（像古汉语这样），不学它的语音，这是很难想象的。即使学习一种不用拼音文字的古代语言（像古汉语这样），不学它的语音，也是不完整的。因为语言是个整体，它的内部要素——语音、语法、词汇都不是孤立存在的，彼此之间都有密切的关系，许多词汇、语法的问题，需要联系语音，才能得到解决，才能理解得透彻。训诂学中所谓“音近义通”、“因声求义”就反映了这种密切关系。

从实践上说，在学习古书的过程中确实也存在一些读音的问题。首先是关于古代诗歌、韵文的读音问题。例如，唐代刘禹锡的《乌衣巷》：

朱雀桥边野草花，乌衣巷口夕阳斜。
旧时王谢堂前燕，飞入寻常百姓家。

这首诗的韵脚是“花、斜、家”，其中“斜”字，现代普通话读 xié，与“花 huā”、“家 jiā”的主元音不同。有的人认为“斜”和“花”、“家”在古代“平水韵”

里同属下平声六麻韵，“斜”在这里应读xiá，才与“花”、“家”押韵。持这种主张的能认识到古今音的不同，这是好的。但是，这种改读字音的主张是不可取的，也是不必要的。由于古今音的不同，现代读古诗，碰到不押韵的地方很多，不可能、也没有必要一一加以改读。例如，唐代李商隐的《乐游原》：

向晚意不适，驱车登古原。
夕阳无限好，只是近黄昏。

这首五绝的韵脚是“原”和“昏”，在“平水韵”里属上平声十三元，在中古是押韵的。今天用普通话读，“原”的韵母是üan，“昏”的韵母是uen，主要元音不同，也不相押了。这里是不是也要像对待“斜”字一样改读一下呢？那么，是将“原”改读为üen，以求与“昏”字谐和，还是将“昏”字改读为huan，以求与“原”字相押呢？其实，无论哪一种改读都是没有必要的，事实上也没有人提出过这种改读的主张。原因是这种古今读音不同的地方很常见，要改亦不胜其改。

现代人读《诗经》，遇到不押韵的地方更多，是不是都需要改读呢？上面谈到的朱熹等人的“叶（xié）音说”，就是主张把后代读来不押韵的字变读一下，以求谐和。如，读《周南·关雎》，把“求之不得，寤寐思服”的“服”，改读为蒲北反，即读 béi，以求与“得”和下文“悠哉悠哉，辗转反侧”的“侧”谐和；又把“参差荇菜，左右采之”的“采”改读为此履反，即 qǐ；把下文的“窈窕淑女，琴瑟友之”的“友”改读为羽已反，即 yǐ，以求“采”和“友”协韵。这种强改古音以就今读的做法，不仅是没有必要的，而且也是不科学的。朱熹并不真正懂得古音，他的叶音标准实际是南宋的方音（也许就是当时的福建方音）。把他的《诗集传》的叶音看作是古音，当然是不可靠的；今天拿他的叶音来读《诗经》，也是行不通的。从朱熹（1130—1200 年）的时代到现代又已过去了八百多年，语音又发生了变化。现代根据朱熹的叶音读《诗经》，又有一些不“叶音”了。如，“服”的叶音蒲北反，现代普通话读 béi 或 bí，与“得”、“侧”也不同韵。又如，“采”字的叶音此履反，现代普通话“履”念 lǚ，不念 lǐ，因而“此履反”当读 qǔ，与“友”的叶音 yǐ 也不同韵了。至于第三章后四句“参差荇菜，左右芼之。窈窕淑女,钟鼓乐之”的“芼”叶音“邈”(miǎo),与“乐 lè”音相差更远。后来有人又主张“乐”字叶音岳(yuè)或五教反(yào),以求与“邈”音相押。这更是没有道理,也是不可取的。

我们学点古音学知识,绝不是为了用古音去诵读古代诗文,而是为了学习古今语音演变的对应关系,了解古代诗文用韵的时代特点,分析和解决古书存在的一些语音问题。

我们反对用古音或叶音去读古书,但并不是说阅读古书就不存在读音的问题了。例如,《诗经·魏风·硕鼠》第一章:

> 硕鼠硕鼠,无食我黍。三岁贯女,莫我肯顾。
> 逝将去女,适彼乐土。乐土乐土,爰得我所。

其中“三岁贯女”、“逝将去女”两句又见于第二、三章。其中“女”字是个假借字,应当读 nǚ,还是读 rǔ?这就是个问题。古书中的假借是古人书写某个词的时候,没有写本字,而另写了一个音同或音近的字。在今天看来就是写了错别字,但在古代,特别是汉代以前还没有字典，文字没有规范，再加以书写工具不方便，书面材料辗转传抄，也很容易采用同音替代的办法，所以，先秦两汉古书中假借字比较多。今天我们看到先秦两汉的古书已大多经过后代注疏家的整理，从20世纪70年代以后出土的秦汉竹简帛书来看，原来的假借字要多得多。所以，古书里多假借是不奇怪的。

假借的条件就是假借字和被假借字（本字）的读音相同或相近。如上举例中“逝将去女”的“逝”，也是个假借字，它在这里假借为“发誓”的“誓”，“逝”与“誓”读音相同。又如：

> 《列子·愚公移山》：“甚矣，汝之不惠！”
>
> 《庄子·秋水》：“两涘渚崖之间，不辩牛马。”

其中“恩惠”的“惠”假借为“智慧”之“慧”，“辩论”之“辩”假借为“辨别”之“辨”。而“惠”与“慧”、“辩”与“辨”，彼此读音都相同。只要了解它们是假借字，在读音与理解上没有什么问题。

但是，由于语音发生了变化，有不少假借字和被假借字古音相同或相近，而今音则有所不同。如上面举的《诗经·魏风·硕鼠》中的“三岁贯女”、“逝将去女”中的“女”字，在这里不是用了它的本义“妇女”的意思，而是借用作第二人称“汝”（“你”的意思）。“汝”和“女”，古韵同属鱼部，古声母“汝”是日母，“女”是泥（娘）母，读音也很近，所以，才可能假借。但今音相差较远，声、韵都有差别。这样就有个如何读音的问题。我们的意见是，既然这个字已借用来表示另外一个词了，原则上就应按另一个词（即本字）的读音去读。如“三岁贯女”、“逝将去女”的“女”，不能再读 nǚ，在这里应读同“汝”（rǔ）。这种改读还是按本字的今音来读，这与主张按古音读古书是两码事。王力先生主编的《古代汉语》教材中的例字，都是假借字的读音和本字的读音有区别，而应依本音去读。例如，《诗经·豳风·七月》第六章中“八月剥枣”的“剥”，假借为“攴（扑）”，读 pū，不读 bō 或 bāo。“攴”，《说文》，“小击也”，即轻轻地敲打。如果不改读 pū，仍读 bō 或 bāo，那就是剥离、剥去皮的意思，而“枣儿”是不需要剥皮的。

同样，下面的例子：

《易经·系辞下》："尺蠖之屈，以求信也。"

"尺蠖"是一种昆虫，尺蠖蛾的幼虫，行动时身体向上弯曲成弧形，然后伸直前行。这句话的意思是尺蠖蛾的幼虫，身体的弯曲是为了求得伸直前进。"信"字在这里假借为"伸直"的"伸"，读 shēn，不读 xìn。

《墨子·号令》："门有吏，主者门里，筦闭，必须太守之节。"

这句意思是说，城门有门官看守，门官在门里（掌管城门），城门关闭之后，必须有太守的符节（才能开门）。句中"者"字假借为"诸"，"之於"的意思，读 zhū，不读 zhě，"筦"字假借为"关闭"的"关"，读 guān，不读 guǎn。

《孟子·万章下》："若己推而内之沟中。"

这句的意思是，好像自己把他推入到山沟之中。"内"，假借为“纳”，入的意思，读 nà，不读 nèi。

也有个别假借字，虽然知道它所表示的本字，但习惯上仍依假借字读音。如，《孟子·梁惠王上》：“直不百步耳，是亦走也。”这句上文是孟子对梁惠王以打仗为喻，说：“战鼓一响，刀枪刚接触，士兵就丢盔弃甲而逃，有的跑了一百步才停了下来，有的跑了五十步就停住了。那跑了五十步的士兵竟然耻笑跑了一百步的士兵，这行不行呢？”梁惠王回答说：“不行，跑五十步的只不过没跑到一百步罢了，这还是逃跑。”句中“直”字，通“特”，“仅仅、只不过”的意思。但“直”字在这里不读 tè，而仍读 zhí。这种情况只好随习惯。也有一些研究者认为，“直”和“特”、“独”等本是同源字，意思有相通的地方，“直”也本有“仅仅、只不过”的意思。这样就不是假借字了。“直”字念它的本音 zhí，就更合理，更自然了。

古书里常见的读音问题，除了假借，还有“读破”的问题。“读破”又叫“破读”，它是用改变字（词）的读音以区别不同的词义或词性的一种方法。如“王”字，《左传·僖公四年》：“王祭不共，无以缩酒。”在这里，“王”用作名词，“国王、帝王”的意思，读平声 wáng。《孟子·梁惠王上》:“德何如，则可以王矣？”在这里，“王”用作动词，是“称王、治理国家、统一天下”的意思，要改读去声 wàng。传统上把前一种读音叫“本音”或“读如字”，而把后一种变读音叫“破读”或“读破”。这种现象在古书里确是不少，例如，《诗经·豳风·七月》第一章：“七月流火，九月授衣。一之日觱发（bìbō），二之日栗烈。无衣无褐，何以卒岁？”句中的“衣”就是“衣服”的“衣”，名词，读平声 yī。而《韩非子·外储说左上》:“境内莫衣紫”（境界内没有谁穿紫色的。在上古只有君主穿紫色衣服），“衣”作动词，“穿衣”的意思，旧读去声 yì。

又如“胜”字。诸葛亮《前出师表》中：“臣不胜受恩感激”，句中用作及物动词，后边带宾语，是“能承担、能够胜任”的意思，旧读 shēng，平声。而在《孙子·谋攻》:“是故百战百胜，非善之善者也”里，“胜”是“胜利、打了胜仗”的意思，是不及物动词，则读去声 shèng。用作形容词，“优胜、美好”的意思，也读去声 shèng。如范仲淹《岳阳楼记》:“予观夫巴陵胜状，在洞庭一湖”。“胜状”指佳境，景色特别好的地方。

再如“恶”字，也有形容词和动词的两种用法，如贾谊《论积贮疏》："岁恶不入"，是说年成不好没有收入，"恶"是"不好，丑恶"的意思，旧读入声，今读 è；而《荀子·天论》："天不为人之恶寒而辍冬"，是说老天不会因为人们不喜欢寒冷而中止了冬天，"恶"是"不喜欢，讨厌"的意思，破读去声 wù，韵母也不相同。

"从"字，有自动词和使动词的两种用法，读音也不相同。如《史记·项羽本纪》里两个例句，在"张良是时从沛公"一句中，这是作动词用，"跟随、跟从"的意思，读平声 cóng；而在"沛公旦日从百余骑来见项王"一句中，"从"是"使……随从"，即"率领"的意思，是使动用法，要破读去声 zòng，声母也不一样。

破读不同于假借。假借字和被假借字（本字）之间只是语音相同或相近，意义上没有必然的联系，而破读的意义和本音的意义之间则有历史的联系。一般说来，破读音的词义、词性是本音的词义、词性演变、分化出来的。因为随着社会的发展，语言也在不断地发展，词义在不断地引申，词性也在不断地分化。某个字（词）产生新的意义和新的语法作用之后，为了区别于原来的意义和语法作用，于是也要求在读音上表现出区别来，因此，破读音的产生是词义引申和词性分化的结果。同时，破读的新意义、新词性在使用中久而久之又发展成为独立的新词，因此，破读又是一种音变构词的方法。有的还进一步在字形上把它区别开来。比如“知”字，本义是“知道、知识”，读平声 zhī，如，《论语 · 为政》：“知之为知之，不知为不知，是知也。”又引申出“智慧”的意义，如，《庄子 · 徐无鬼》：“知士无思虑之变则不乐。”“知士”指足智多谋的人，这个“知”读去声 zhì（这种用法《论语》里也有，如，《雍也篇》：“子曰：知者乐水，仁者乐山。”），为了区别，后来写作“智”。“知”和“智”是古今字。

破读的音主要在声调上（声母或韵母的变化也有，但不多）。而声调上的破读又大多数是把原来的平声变读为去声，其次是将原来的上声或入声变读为去声。这种现象正与汉语语音系统的发展相适应，据古音学家研究，上古汉语没有去声或者去声字很少。汉语里大量的去声字音是汉魏以来逐渐产生的。事实上，破读的现象也是起于汉代，魏晋以后才大量出现的。许多词的词义引申和词性分化在先秦已经有了，但是还没有材料证明先秦已经有了破读音。从破读音大多是去声这种情况来看，也不可能出现在先秦。只有晋宋以后的字书、韵书和古书注释中，对本音和破读音的分辨才越来越多，越来越严格。而唐代陆德明的《经典释文》和宋代贾昌朝的《群经音辨》则是比较集中地搜集这方面资料、辨析一批字的本音和破读音的专著。

过去有人认为破读音是六朝经师强生分别的，是人为的。这是不懂得汉语语音发展的历史，不认识语音这种社会现象的本质的表现。这犹如过去有人说平上去入四声是六朝人周颙、沈约等人发明创造的一样荒谬。如果破读音是人为的，那就不可能活在人们的口语里。事实上，许多词的破读音和本音的分别一直沿用到现代的口语之中。例如：

长，“长短”的“长”，形容词，读平声 cháng；而“生长”的“长”，动词，读上声 zhǎng。

好，“美好”的“好”，形容词，读上声 hǎo；而“爱好”的“好”，动词，读去声 hào。

缝，“缝补”的“缝”，动词，读平声 féng；而

“缝隙”的“缝”，名词，读去声 fèng。

饮，“饮食”的“饮”，自动词，读上声 yǐn；而“饮马”的“饮”，使动词，读去声 yìn。

为，“作为”的“为”，动词，读平声 wéi；而“为了”的“为”，介词，读去声 wèi。

现代口语还产生了一些新的破读音，如：

圈，关养猪羊等牲畜的地方，名词，读 juàn（本读上声，《广韵》獮韵，渠篆切）；而把猪羊圈起来的“圈”，动词，破读平声 juān，是后起的（《集韵》仙韵，有驱圆切一读，那是 quān 音的来源，有铁圈、圈内、圈地、圈套等用法）。

沿，动词，“相沿、沿途”的“沿”，读平声 yán；而“河沿儿、沟沿”的“沿儿”，名词，读去声 yàn，不过这个作名词用的沿儿读起来还需要儿化。有的词如“边沿”、“前沿”、“炕沿儿”，仍读平声 yán，可见，“沿”这个词的破读还在演变中。这说明破读确是客观存在的，不是人为的。

当然，古书里注明的破读音也有许多没有被保留下来，原因是多方面的。有的破读是由于破读义不再在口语里使用而消失了。例如：

“风”字，本义是“风雨”之“风”，名词，平声，《广韵》东韵，方戎切，念 fēng；用作动词，“讽刺”义，本破读为去声 fèng，《广韵》送韵，方凤切。后来“讽刺”义的“风”，写作“讽”，而且今读上声，因此，“风”的破读音 fèng 也不再保留在口语里了。

有的是本音因本义在口语里不用或很少用而消失了，只留下破读音。如“誉”字，本来音平声，《广韵》鱼韵，以诸切，“称誉、称赞”的意思，动词；用作名词，“名誉、荣誉”的意思，破读去声，《广韵》御韵，羊洳切。今天由于本义只用在文言词“毁誉”、“誉不绝口”等场合，本音不念，都读破音去声 yù 了。

许多破读音或本音没有保留下来的主要原因，是语音发生了变化。古代汉语的词汇以单音节占多数，依靠比较复杂的语音系统去区别词性和词义。比如，中古三十六字母和上古的三十二声母都有一套全浊声母。古代还有入声韵，有收［-m］韵尾的韵，韵母系统也复杂得多。声调方面虽也只有四声，但有入声调。古代语音系统比起现代汉语，特别是比起普通话的语音系统来要复杂得多。这样，由于语音系统简化发展，原来借助于浊音或入声韵、入声调以区别本音和破读音的，到现代都只留下一种读法。例如：

“败”作为及物动词，补迈切，帮母；作为不及物动词，薄迈切，並母。帮、並，一清一浊，读音本有区别，但由于並母清化，本音和破读音没有区别了，都读 bài。

“近”字，原来是形容词“远近”的“近”，读上声，其谨切；作为动词，是“靠近”的意思，破读去声，巨靳切或其靳切。原本两读的声母都是全浊牙音群母，后来由于群母的清化，全浊上声变去声，本音和破读就没有区别了，都读 jìn。

“饭”，原是动词，餐饭之“饭”，即“吃”的意思，读上声，扶晚切；用作名词，“饭菜”之“饭”，破读为去声（扶万切）。反切上字“扶”，在上古属並母，在三十六字母里属奉母，都是全浊音，后来清化，全浊上声变去声，也都读去声 fàn 了。“饭”字在普通话里一般也不用作动词了。

同类的例字还有“上、下、右、柱、去、涕、树、被、造、后、善、滥、奉”等。

至于入声韵尾的消失和入声调的转化泯灭了本音和破读音的区别的例子也不少。例如：

“易”，“变易、交易”的“易”，动词，本读入声，羊益切；而“难易、简易”之“易”，形容词，破读去声，以豉切。现在普通话都读去声 yì（次浊入声变去声）。

“画”，“策画”、“分画”的“画”，同“划”，动词，本读入声，胡麦切；“图画”之“画”，名词，破读去声，胡卦切，现代也都变读为去声 huà 了。

“足”，“手足”之“足”，名词，本读入声，即玉切；“补足”之“足”，破读去声，子句切。今天普通话既无入声读法，也不读去声，而都变读阳平 zú 了。

古书中的破读既是客观存在的，那就有个读音的问题。我们的意见是，那些还活在现代汉语里，有广泛的群众基础的，毫无疑问是要掌握的（如“好”的 hǎo 与 hào 的区别）；那些已经进入现代书面语中，一般字典或词典里都注明它的读音的，也应当好好学习它（如“恶”字的 è 与 wù，“从”字的 cóng 与 zòng，等等）。而对那些由于语音演变等原因，没有保留在现代汉语里的破读或本音，则不必去辨别它原来的区别了（如“近”、“足”等），就依现在习惯的读法去读。但是，我们学习古代汉语，了解一点历史上的破读性质和它的作用，也还是有必要的。因为这对于我们辨析词义，阅读古书，特别是利用古注去读原著有一定的帮助。

最后谈谈古书中一些特殊词语的读音问题。我们在阅读古书的时候，有时会遇到一些字（词）的注音和这些字（词）常见的读法不同。如《书经·舜典篇》中的一例："禹拜稽首，让于稷契暨皋陶。"唐孔颖达疏："稽音启，……契，息列反，陶音遥。""稷"是官名，"契"是传说中商代始祖帝喾的儿子，和皋陶都是虞舜的臣下。这里人名"契"念 xiè（《广韵》薛韵，私列切，与息列反音同），不读 qì（苦计切）〔一〕；皋陶的"陶"不念 táo（徒刀切），而读 yáo（余略切）；"稽"字在这里是叩头至地的意思，也不念 jī（古奚切），而读 qǐ（康礼切）。这些特殊读音的词语，在古书里也不少见，多数是一些古代国名、民族名、地名和人名姓氏等。

国名和民族名的特殊读音，一般是由于翻译、对译外族语的读音而来，例如：

〔一〕顺便说明一下，"契"字在"契阔"一词中（如《诗经·邶风·击鼓》第四章："死生契阔，与子成说"，又读 qie，《广韵》入声，屑韵，苦结切。

龟兹（Qiūcí），突厥语 kuri 的对音，古西域国名，在今新疆库车一带。

身毒（Xìndú，亦读 Yuāndú），梵语 Sindhu 的对音，指古印度。

吐蕃（Tǔfān，旧读 tǔbō），藏语 tubet 的对音，古民族名，在今青藏高原一带。

有的同一国名不止一个译名，如古印度，古书里还有“天竺、天督、天毒、信度、痕都、捐毒”等译名，这是由于来源不同。据考证，“信度”和“身毒”来源于梵语 Sindu，“痕都”来源于古波斯语 Hendhu，“天竺”、“天督”、“天毒”来自古波斯土语 Thendhu，而“捐毒”和“印度”却与拉丁语 Indue 有关。

地名的读音多是保存古音或方音，如镐京的“镐 hào”，本何老切，匣母上声，皓韵字。番禺的“番 pān”，《广韵》普官切，音同“潘”，古无轻唇音。“阿房宫”的“房”读 páng，也是保存重唇的读法。

有的地名的特殊的读音来历不太清楚，如“不羹”，见于《左传·昭公十一年》:“楚子城陈蔡不羹”。“不羹”有二：在今河南省襄城县和舞阳县，“羹”，旧读 láng（郎），可能是古代的方音。

姓氏的特殊读音要复杂一些，有的是一个字本有两种或两种以上不同的读音，姓氏只取其中一读。如“任”有 rén 和 rèn 两读，而姓任的“任”只读 rén；“祭”读 jì，又读 zhài，而姓氏（如周朝人祭伯、汉朝人祭遵）只读 zhài；又如“句”有 gōu、gòu、jù 等读法，用于古国名（高句丽）、人名（句践）和姓氏只念 gōu。

有的姓氏用字和非姓氏用字本是两个字两种读音，后来由于其中一个简化，合为一个字形。例如，姓氏“种”（chóng）和普遍的“種”（zhǒng），后者简化后，字形没有区别，但读音仍有不同；又如姓氏“朴”字念 piáo，“朴刀”的“朴”念 pō，“朴树”的“朴”念 pò，而“朴（樸）素”的“朴”即念 pǔ。有的是姓氏的读法保持古音。如“繁”姓不读 fán，而读 pó；“能”姓（汉代有能胜之）读 nài，不读 néng；复姓“逢门”的“逢”读 péng，不读 féng。有的是古今读法都保留下来了。如“呙”姓，可以读 wō，也可以读 guō；“翟”姓，可以读 zhái，也可以读 dí。

有的是同一姓氏字，不同地区或不同民族读音不同。例如，“覃”姓，壮族和四川、两广地区的汉族，都念 qín；而黄河流域一带则念 tán，因为他们本姓“谭”，后由于避难才去掉言字旁，改为“覃”，但读音不变。又如“召”姓，本与邵姓同源，音亦读 shào，但云南傣族召姓则读 zhào。

以上各种特殊的读音，古书里和现代字典、词典一般都有注明，我们要依照传统习惯的读法去读。但个别姓氏，现代已改读一般的读法，如“叶（葉）”姓读 yè，不读 shé；“盖”姓读 gài，不读 gě，这也不必强调遵从原来的读法了。

（以上三节原载《中国古代文化史讲座》，
中央广播电视大学出版社，2004 年；
2017 年重版时，书名改为《中国古代文化史名家谈》）

四、破读音的处理问题

一个字因意义或词性的不同而改变原来的读音（主要是改读声调），叫做"破读"或"读破"。如"长短"的"长"念 cháng，而"长幼"的"长"改念 zhǎng；"美好"的"好"读上声 hǎo，而"爱好"的"好"改读去声 hào。传统上将原来的读音叫"本音"或"读如字"，将改读的音叫"破读音"。如何认识和处理这种"破读音"的问题，历来意见分歧，一直没有得到很好的解决。前几年我们在参加编写《古汉语常用字字典》的工作中遇到这个问题，近年来在参加编写《古代汉语》教材中也常常碰到这个问题。我们曾经制定了一些条例，定出几条处理办法，但在具体字音的处理上，则见仁见智，也不统一。比如，我们规定现代普通话口语里不区别破读音的则不标注。如“妻”字用作动词时不注破读 qì，“衣”字用作动词时也不注破读 yì。而“王”字则例外，用作动词时又注明读 wàng。王力先生主编的《古代汉语》是比较重视本音与破读音的，现代无区别的音，往往注明“旧读”，如“告”字的第二义项“规劝”下注“旧读入声，读如梏 gù”〔一〕。又如，“去”字条第二义项“除掉、去掉”前注明“旧读 qǔ，上声”〔二〕。但也有些相同的情况而未加注“旧读”的，例如，“复”字，传统上有去、入两读，而未在动词“回来、回去”义下注明“旧读入声”〔三〕。又如，“奉”字，作动词用本读上声，《古代汉语》也未注“旧读”〔四〕。这种取舍的标准是什么，书前的“凡例”里亦未做任何说明。我们查了一下《新华字典》（1971 年修订重排本）、新出版的《现代汉语词典》（以下简称《现

〔一〕 王力：《古代汉语》（修订本）第一册，中华书局，1981 年，第 46 页。

〔二〕 同上，第 135 页。

〔三〕 同上，第 47 页。

〔四〕 王力：《古代汉语》（修订本）第二册，中华书局，1981 年，第 424 页。

汉》）和《辞海》“语词分册”（以下简称《辞海》），发现它们对这个问题的处理也很不一致。比如，“三”字，《新华字典》于其第二义项“再三”前用括号注明“旧读 sàn”，新《辞海》也标注“（二）（sān，旧读 sàn）再三”，《现汉》则不加旧读，只说：“②表示多数或多次”〔一〕。《现汉》只管现代读音，这样处理当然是无可非议的。然而它又不是都不收，如“文”字下就有“⑩（旧读 wèn）掩饰，文过饰非”。此外，还有“比、行、从、听”等字也都与《新华字典》、《辞海》一样加注了“旧读”。书前“凡例”“三、注音”第 9 条下说：“传统上有两读，都比较通行的，酌收两读。”但从它所举的两个例字“嘏（gǔ，又 jiǎ）、酾（shī，又 shāi）”来看，似乎又不是指这种传统上有破读音的字。《现汉》对这个问题的处理，显然没有一个明确的原则。《新华字典》是本综合性的小字典，多收点“旧来读法不同的音”也是可以理解的。但是，有的加注“旧读”，有的则不加。前者如上举诸字。后者如“妻”字，用

〔一〕 此外，还有“闻”、“讽”等字，《新华字典》和新《辞海》注了“旧读”，而《现代汉语词典》都未加。

作名词读平声，用作动词读去声；“雨”字，用作名词读上声，用作动词读去声。同类的还有“王、衣、遗、语”等字。这些字的去声一读，在现代口语里实已不存在，与前一类加注“旧读”的字在性质上没有什么区别，为什么要做这样不同的处理，这又是让人难以理解的了。《新华字典》这样处理之后，影响不小，《现汉》、《辞海》也跟着这样做了〔一〕。只是《现汉》于破读音之后标一“〈书〉”号，表示这一读音只用于书面上的文言词语。《新华字典》于一些字后标一“〈古〉”号，表示是古代的用法，如“妻”：“（二）qì〈古〉以女嫁人”，而另一些有古代用法的字后则无“〈古〉”号，如“衣”：“（二）yì 穿：～布衣，解衣～我”。

以上事实说明，在处理破读音的问题上，直到现在仍然存在着不少分歧。〔二〕这是现代汉语语音规范化方面一个值得重视的问题。当前各地在编写各种类型

〔一〕 商务印书馆新版《四角号码新词典》（1977 年修订重排本），取消了前一类的“旧读音”，却保留了后一类的破读音。

〔二〕 20 世纪 60 年代初，殷焕先先生发表《破读的语言性质及其审音》一文（载《山东大学学报》语言文学版 1963 年第 1 期），提出过精辟的见解，可惜当时没有引起足够的重视。

的字书、词典时，都会或多或少遇到这个问题，所以，有必要把它提出来，以期通过讨论与研究，获得统一的认识和正确的解决。

首先有一个问题："破读音"是人为的还是客观的语言现象？这是如何处理破读音问题的出发点。如果对这个问题的理解不一致，必然影响对具体问题的认识和处理。

从现存的文献上看，破读音是从汉代开始的，六朝时期大量出现。这个客观现象，经过一些学者的考证〔一〕，已经为人们所承认。但自清初顾炎武以来，许多学者都认为这种破读现象是汉代以后的经师或韵书作者"强生分别"〔二〕。他们唯一的理由是"不合于古音"，"周秦盖无是例"，因而主张"古音本如是（即

〔一〕 参看周祖谟：《四声别义释例》，[《问学集》（上册）]，中华书局，1966年版，第81页。又，杨伯峻：《破音略考》，载《国文月刊》第74期（1948年12月）。

〔二〕 参看顾炎武《音论》卷下"先儒两声各义之说不尽然"；钱大昕《十驾斋养新录》卷四"论长深高广字音"条，又卷五"一字两读"条；段玉裁《六书音均表》卷一"古音义说"；马建忠《马氏文通》卷二（校注本），第26页。

无区别），不必异读矣”〔一〕。这种看法对后来的词典编纂者不无影响，但显然是错误的。他们认为“古代没有的，后代也不能有”，这是反历史主义的观点。就顾炎武来说，这与他研究古音的目的和指导思想有关，是不可取的。

我们认为，自汉代开始记录下来的破读音，是汉语发展的结果，是汉语的语音、词汇、语法互相影响、互相促进的结果。自春秋战国到两汉，中国社会发生过巨大的变化，政治、经济、文化的发展，促进了汉语新词的产生、词义的演变和语法的变化，而词汇、语法的发展又要求它的物质外壳语音系统产生相应的演变，从而使汉语发展进入了一个新的阶段——中古时期。这个时期汉语语音系统中，声调的变化特别是去声的大量产生〔二〕，正是适应了汉语词汇、语法发展的需要。也就是说，词义的分化和词性的转化引起了声调的变化。结果，“同一个词，由于声调的

〔一〕 杨伯峻：《破音略考》（《国文月刊》第 74 期）。

〔二〕 与此同时，声母和韵部也有相应的变化。

不同，就具有不同的词汇意义和语法意义”〔一〕，例如，“间（闲）”，名词，如“间隙、田间”，读平声；作动词，如“间隔”，去声。“空”，作形容词，如“空虚”，平声；作动词，如“使……空”，去声。有的后来连字形也分化了，演变为两个词。例如，“知”，动词，“知晓”，平声〔二〕；“智”，名词，“智慧”，去声。“旁”，名词，“旁侧”，平声；“傍”，动词，“依傍”，去声。当然，有的词虽然同用一个字形，但由于词义、词性的不同和读音的变化，也应看作已分化了的两个词。例如，“传”，动词，“传递”，平声；又“传”，名词，“传记”，去声。

这种词义、词性的演变和读音的变化，很可能不是同时发生的，从现有的材料来看，有些词的词义、词性的分化要比它的读音的变化早。例如，“行”字，《广韵》有户庚切、胡郎切、下更切和下浪切四读，分

〔一〕 王力:《汉语史稿》(中册),科学出版社,1958年,第212页;又《王力文集》第九卷,273页,山东教育出版社,1988年;又《王力全集》第一卷,207页,中华书局,2013年8月北京第一版。

〔二〕 名词“知识”的“知”也念平声。

属于庚韵的平声和去声与唐韵的平声和去声，词义与用法都不同。然而在秦汉以前，它只与阳部的平声字押韵，如《诗经·邶风·北风》第一章：“北风其凉，雨雪其雱，惠而好我，携手同行。”又《卫风·氓》第四章：“淇水汤汤，渐车帷裳，女也不爽，士贰其行。”又如，《史记·天官书》：“斗为帝车，运于中央，临制四乡，分阴阳，建四时，均五行。”而“同行”之“行”是动词，“士贰其行”之“行”是“德行”的意思，用作名词。“五行”之“行”，今读 xíng，古亦读 háng〔一〕。这表明大量的破读音确是汉魏以后才产生的。这也正说明了词义、词性的分化促进了语音的变化。语言内部各要素的发展本来就是不平衡的，词汇的发展要比语音的变化快得多。所以，不能由此而得出汉魏以后的“破读”是人为的结论。事实上，汉语语音系统在这个时期也正遵循着自身的内部规律发展变化。“破读音”主要以去声为标志，正是这个时期汉语语音系统发展变化的反映。六朝以来到唐宋的经师

〔一〕 参看杨伯峻：《破音略考》（《国文月刊》第 74 期）。杨先生一共举了 10 个字，以证明“古无破读音”。

和韵书作者不过是将这一客观的语言事实记录下来罢了。此时诗歌用韵也反映了这种变化。例如，晋乐府《独漉篇》:“独漉独漉，水深泥浊。泥浊尚可，水深杀我。雍雍双雁，游戏田畔。我欲射雁，念子孤散。”其中“漉、浊”是入声，“可、我”是上声，而“雁、畔、雁、散”是去声。可见，“散”字已从上声分化出去声来了。又如《三峡谣》:“朝见黄牛，暮见黄牛。三朝三暮，黄牛如故。”“暮”在先秦属入声铎部，这里已与去声“故”押韵。又南朝宋颜延之《应诏谳曲水作诗八章之一》:“道隐未形，治彰既乱。帝迹悬衡，皇流共贯。惟王创物，永锡洪算。仁固开周，义高登汉。”其中“贯”字在上古本读平声，现在也与去声字“乱、算、汉”押韵了。又如，谢灵运的《七星濑》以去声字“眺、峭、曜、啸、妙、诮、钓、调”为韵，后两句是“谁谓今古殊，异代可用调”。“调”字在这里用作名词，已由平声变为去声了。又如，鲍照《拟行路难之八》叶“治、意、置、异、思”，后两句是“还君金钗玳瑁簪，不忍见之益愁思”。“思”字本只有平声一读，现在也分化出去声来了。以上所引，有文人的诗篇，也有民间歌谣。这说明这种适应词义词性发展的声调变化，确已发生在当时的口语之中。正因为如此，唐宋以后一直到现代，许多词的破读音还沿用着，并且口语里还不断产生一些新的破读音。例如，“沿”，动词，“相沿”，平声；名词，“河沿”，去声。又如，“圈”，名词，“羊圈”，去声〔一〕；动词，“圈小鸡”，平声〔二〕。用声调的变化以区别词义或词性，这是汉语发展的内部规律和特点，绝不是人为的。王力先生和周祖谟先生都把这种现象看作是类似印欧语言中构词上的形态变化〔三〕。这是一个很值得进一步研究的问题。

关于汉魏以来经籍中的破读音，唐人陆德明的《经典释文》搜罗较广，但不集中。宋人贾昌朝著《群经音辨》，首次将散见在经籍音释中的破读字编辑在一起。此书分七卷五类：一是“辨字同音异”，二是“辨字音清浊”，三是“辨彼此异音”，四是“辨字音疑混”，五是“辨字训得失”。其中二、三、四类是有关“破读”

〔一〕《广韵》求晚切，本属獮韵群母上声。

〔二〕“圆圈”的“圈”读 quān，现代可用作名词和动词。

〔三〕王力：《汉语史稿》（中册），第 212 页；周祖谟：《问学集》（上册），第 113 页。

的，共收210字〔一〕。元人刘鉴著《经史正音切韵指南》，附有“经史动静字音”，他说：“凡字之动者在诸经史当以朱笔圈之，静者不当圈也。”所谓“静者”，多为名词，读平声或上声或入声；所谓“动者”，多为动词，读去声。凡在字的右上角加圈的就是破读音，不加圈的读如字。所收字与贾书几乎完全相同，可能由于疏忽，漏掉了“子”、“妨”二字，又“被”字仅一见，共207字。《马氏文通》虽然认为“至同一字而或为名字，或为别类之字，惟以四声为区别者，皆后人强为之耳”〔二〕。但又不能不承认这个事实，而且比较详细地分析了破读字的词性变化，指出：“同一字也，有因异韵而为名字、为动字者，……更有以音异而区为静字与动字者，或区为内、外动字者，或区为受动与外动者，且有区为其他字类者。”〔三〕他在卷二“名字”下收破读例57字，卷五“动字辨音”下收破读例106字，除“教”、“荷”二字重收，共202字。总数虽不及贾、

〔一〕其中有四字（即“被、施、见、还”）各两见，但音义不同。
〔二〕《马氏文通》（校注本）卷二，第26页。
〔三〕《马氏文通》（校注本）卷五，第249页。

刘所收，但其中将近三分之一为贾、刘所未收〔一〕。

我们根据上述三书所收〔二〕，共分析了 260 个字的本音和破读音及其演变情况，然后在此基础上提出我们对破读音的处理意见〔三〕。

这 260 字在现代普通话里的读音主要有两大类〔四〕：第一类只有一读；第二类保留了本音和破读音两读。

现代只有一读的，共 161 字，占总数的 61.7%。这又可以分为三类。

（一）古有本音和破读音两读，现代只留下本音的，计有 104 字。包括

（1）原本音是平声，破读去声，今只念平声（包括阴平和阳平）的，72 字。

〔一〕其中有些是假借字。此外，明人张位的《问奇集》，有一类“假借圈发字音”，收 289 字。但主要是假借字，不同于一般的“变调辨义”，故本文不引以为据。

〔二〕即在贾、刘所收的基础上，酌增马书所特收的字。

〔三〕“破读”还涉及假借字和古地名、人名的读音问题，这不在本文所分析的 260 字之内。

〔四〕根据《新华字典》和《现代汉语词典》。

　　麾冰轻高深长凝收敛呼
如障防思评生吹烝经缘编
名劳施〔一〕除疏操烧盐输污
漂〔二〕帆宾巾先卑离沉还〔三〕
齐延冥尖煎援争迎攻封张
蹄平衷裁迟棺缄含临庭

又“王、妻、衣、遗”及“文、三、行、从、听、闻、骑”等字，《新华字典》有平去两读或于平声字音下加注“旧读”去声音的，实际上口语里已无区别，所以也可归在这一类。

（2）原本音是上声，破读去声，今只念上声的，32字。

〔一〕“施”字于贾、刘二书中均重出：一为“平声，行也；行惠曰施，去声”。一为“设之曰施，书之切；及之曰施，羊吏切”。后者声母和声调都不同。

〔二〕漂，平声，外动字，漂浮；去声，内动字，漂流。今“漂”字又读 piǎo（漂白）、piào（漂亮），那是另外两个词。

〔三〕“还”字于贾、刘二书中亦重出：一为“平声，回也；回绕曰还，去声”。一为“复之速曰还，音旋；缓之曰还，音圜（huán）”。

枕 粉 两 染 广 悔 使 喜 首 引
毁 养 恐 取 子 女 远 走 守 乳 始
享 遣 假 巧 准 选

又“语、雨”二字,《新华字典》分上、去两读;“比、左(佐)、风(讽)[一]”三字,《新华字典》于上声字音下加注“旧读”去声音的,口语里实只有上声一读,也应归在这一类。

以上两小类在现代汉语里,不仅破读音没有了,破读义也很少使用了,或者只见于书面语里。破读大概就是随着破读义的不使用或不经常使用而消失了。

(二)今本音不存,只念破读音的有43字。这又分5种情况

(1)原本音为平声,破读去声,今只念去声的,13字。

[一] “风”字本音平声,破读去声。今破读义作“讽”,念上声。与本类有异,暂寄于此。

贯　怨　令　爨　誉　治　忘　虑　料　放　庆　任〔一〕

又“纵”字，《新华字典》于去声字音 zòng 第⑤义项，即用于名词。“纵横”之“纵”下，加注“旧读 zōng”音，而口语里实无读平声的（《现汉》即不加“旧读”），也应归在此类。

（2）原本音为上声，破读去声，今只念去声的，15 字。

上　下　右（佑）柱　去　涕　奉　后　近　夏　被〔二〕树　善　滥　造

这类字多是浊声母字，遵循着“浊上变去”的一般规律。

〔一〕“任”字：“平声，堪也，名词；堪其事曰任，动词，去声。”今“任”字用于姓氏或地名，有阳平一读，但非“堪”义，故仍归于此类。

〔二〕“被”字，贾书两收，一为“著谓之被，皮彼切，寝衣也；覆谓之被，平义切”。一为“所以覆者被，部委切，所以覆之者曰被，部伪切”。

（3）原本音为平声，破读上声，今只读上声的，3字。

总　反　攘〔一〕

（4）原本音为去声，破读上声，今只读上声的，1字。

仰

（5）本音为入声，破读去声，今读去声的，11字。

炙　借　贷　告（诰）射〔二〕　覆　刺〔三〕

〔一〕《马氏文通》（校注本）卷五，第255页："攘，平读外动字，窃也……去读亦外动字，扰也。"有误，"去读"当为"上读"。《广韵》属阳、养二韵。

〔二〕"射"："命中曰射，羊益切；以礼曰射，神夜切。"原来两读的声母亦不同。

〔三〕"刺"："刺谓之刺，入声；伤谓之刺，去声。"今"刺"有平声一读，已非原义。

帅　画　易

这类字因今无入声，故只有去声一读。

（三）今既不读本音，又不读破读音，而变读另一音的，14 字。这又分 6 种情况

（1）原本音为上声，破读上声，今变读平声的，1 字。

播

（2）原本音为入声，破读去声，今变读阴平或阳平或上声的，7 字。

积出约——阴平

足觉伏——阳平

乞——上声

（3）原本音为平声，破读声母分两读（清浊不同），今念阴平一读的，1 字。

焉[一]

（4）原本音为上声，破读声母分两读，今念去声一读的，1 字。

断[二]

（5）原本音为去声，破读声母分两读，今念去声一读的，2 字。

坏 败[三]

（6）原本音为入声，破读声母分两读，今念阳平一读的，2 字。

〔一〕“焉”：“於乾切，何也，常居语初；焉，于乾切，中也，常居语末。”今读 yān，当来自於乾切。

〔二〕“断”：“都管切，绝也；既绝曰断，徒管切。”今读 duàn，当来自徒管切。

〔三〕“坏”：“毁之曰坏，音怪；自毁曰坏，户怪切。”今读 huài，当来自户怪切。“败”：“毁他曰败，博怪切；自毁曰败，蒲败切。”今均读 bài。

别　合[一]

以上是第一类。

第二类是现代口语里保存了本音和破读音两读。其中有的由于音义不同改变了字形（一般是加了个偏旁），加括号附在本字之后。这种表示破读音的后起字和本字构成所谓“古今字”与“区别字”。这种古今字与区别字的产生反映了词义的引申和语音的分化，也进一步证明了破读是语言发展的客观事实。以下 99 字是现代汉语里保留本音和破读音两读的。

（一）有平、去两读的，55 字

亲[二]　膏　空　缝　过　冠　傍（旁）　重
量　分　相　奔　和　调[三]　陈（阵）　应　当

〔一〕“别”:“被列切，辨也；既辨曰别，皮列切。”今均读 bié。今“别扭”的“别”念 biè，非原义。“合”:“牵和曰合，古盍切；自和曰合，胡閤切。”今读 hé，当来自胡閤切。今容量单位“合”念 gě，当是另一词。

〔二〕“亲”，现代有 qīn 和 qìng 两读，韵母亦不同。

〔三〕“调”，今念 tiáo 和 diào，声母亦不同。

将 监 中 闲(间) 胜 观 号 禁 知(智) 论 便 教 藏 乘 要 传 兴 称 难 为 妨 共(供) 更 丧 阴 扇(搧) 铺(舖) 咽 钉 牵(縴) 创 汤(烫) 弹[一] 磨 担 徽 瘥 渐

(二)有上、去两读的，15字

采(埰) 数 饮 散 好 种 处 卷 与 少 累[二] 吐 转 倒 写(泻)

(三)有平、上两读的，6字

披 几 屏(摒[三]) 笼 挑 强[四]

〔一〕“弹”，今念 tán 和 dàn，声母亦不同。
〔二〕“累”，古本音上声，破读去声，今有 léi、lěi 和 lèi 三读。
〔三〕“屏(摒)”，今念 píng 和 bǐng，声母亦不同。
〔四〕“强”，古本音平声，破读上声，今有 qiáng、qiǎng 和 jiàng 三读。

（四）古有入、去两读，今变读韵母或声母的，8字

度（dù，duó） 恶（wù，è[一]） 宿（sù，xiǔ） 祝（zhù，zhòu 咒） 食（shí，sì） 读（dú，dòu） 识（shí，zhì） 塞（sāi，sài，sè）

（五）古破读声母，今变读声母或韵母、声调的，15字

折（shè，zhé） 尽（jǐn，jìn[二]） 解（jiě，xiè） 著（同“着”，zhuó，zháo[三]） 大（da，tai 太） 会（huì，kuài） 降（jiàng，xiáng） 朝（zhāo，cháo） 载（zǎi，zài[四]） 系（xì，jì） 属（shǔ，zhǔ） 父（fù，fǔ 甫[五]） 见（jiàn，

〔一〕“恶”，今又念 wū，何也。那是另外一个词。

〔二〕“尽”，本音即忍切，极也；既极曰尽，破读慈忍切。

〔三〕“著”，本音张略切，置也；置定曰著，破读直略切。

〔四〕“载”，本音作代切，舟车以致物也；谓所致物曰载，破读材代切。

〔五〕“父”，人之美称曰父，音甫；家之尊，破读扶雨切。

xiàn 现） 畜（chù，xù） 乐（lè，yuè）

这类 99 个字的两种读音今天仍然活跃在口语里，必须承认它，不存在处理的问题。现在需要提出来讨论的是第一类的 161 字。这些字原来为了区别词义词性具有本音和破读音两读的，由于词义的演变和语音的变化，现在只保留一种读音了。这也是客观事实。如何处理？我们认为应根据不同情况采取不同的办法。

第一，《现代汉语词典》、《四角号码新词典》、《新华字典》以及各类普及性的字书辞书，都不必辨析它的本读和破读，只注出现行的读音就够了。中小学语文课本（包括它所选的文言文）以及各种普及的古诗文选本也宜采取同样的办法，否则，徒然增加学生和读者的负担。

第二，大学的《古代汉语》教材（包括《历史文选》、《哲学史文选》和《古典文学读本》等）以及中小型《古汉语字典》可根据需要有选择地注出一些字词的已经消失了的破读音或本音。所谓“需要”，是指为了辨析只存在于古文中的词义或词性；所谓“有选择地”，是指出现在所选的字条和文章的范围之内，并且要加注“旧读”。百科性的辞书，如新版《辞海》也属于这种情况。

第三，正在编纂的《汉语大字典》、《汉语大词典》以及正在修订的大型古汉语辞典《辞源》，就应当全面地考查每个汉字在各个历史时期的读音。当然，首先要注明该字的现在通行的读音，然后加注它的上古、中古和近古的读音；破读音起于何代，消失于何时，应尽量在注音中反映出来。这在目前自然还不是容易做到的事情，但这是我们辞书编纂者和汉语史研究者的努力目标。

（原载《辞书研究》1979 年第 2 期）

五、“同”和“通”

——文言文注释中两个术语的使用

“同”和“通”，是古书注释中常用的两个术语。古代的训诂有所谓“某读与某同”、“古字某某同”、“某某义同”、“某与某古字通”等。例如，《说文》卷四上隹部：“雀，读与爵同。”又如，《论语·公冶长》：“无所取材。”何晏集解引郑玄注：“古字材、哉同。”又如，《诗经·大雅·皇矣》第三章：“载锡之光。”郑玄笺：“载，始也。”孔颖达疏：“哉、载义同。”又《诗经·大雅·文王》第二章：“陈锡哉周。”毛亨传：“哉，载。”孔颖达疏：“哉与载古字通。”这些“同”和“通”，大都是讲文字的通假，似乎没有什么区别。

现代的“古文选注”中解释单音词的时候，也常使用“同”和“通”这两个术语，往往作“某同某”或“某通某”。但是在已出版的各种选注本中有的只用“同”字，不用“通”字；有的兼用“同”和“通”。这就产生了问题：为什么只用“同”不用“通”？只用“同”字能不能解决问题？兼用“同”和“通”的，什么地方该用“同”，什么地方该用“通”？其间有没有一定的规律？我们认为，这虽然只是个术语的使用问题，但是，它也涉及对字义的认识和辨析，所以，有必要提出来讨论。

现行中学语文课本中文言文的注释只使用“某同某”，不用“某通某”。下面是初中语文第六册（1978年7月北京第1版，1980年1月第2次印刷）选自《墨子》的《公输》篇中的例子：

（1）“公输盘不说。”注：“说，同悦。”

（2）“今有人于此，舍其文轩，邻有敝轝而欲窃之。”注：“敝轝：破车，轝，同舆。”

（3）“荆有长松文梓楩枏豫章，宋无长木。”注：“……文，同纹……枏，同楠。”

（4）“子墨子九距之。”注：“距同拒。”

（5）“公输盘之攻械尽，子墨子之守圉有余。”注：

“圉，同御。”

这 5 个例句中使用了 6 个“某同某”。分析起来，这 6 个“同”字的含义是不一样的，实际上包括 3 种情况和意义：

第一是“轝同舆”、“枏同楠”。这两对字彼此之间意义上没有什么不同。“轝”和“舆”、“枏”和“楠”，在任何情况下都可以互相替代。这是一个字的不同写法，属于异体字的范围。我国汉字已有几千年的历史，从甲骨金文、篆文到隶书、楷书，几经演变，同时，古代各地区的文字体系也不一样，所以，在发展过程中异体滋生，形体多样。例如，“线”字可以写作“線”，“歎”字可以写作“嘆”，“回”字还可以写作“囘”或“囬”。打开《康熙字典》，许多都是这种常用字的变形（即异体），“轝”同“舆”、“枏”同“楠”正是这种异体字。这个“同”字就相当于一个等号。

第二是“距同拒”、“圉同御”。这与前一种情况不同，“距”不是“拒”的异体，“圉”也不是“御”的异体。它们本来都是两个意义完全不同的字。只是由于它们的读音相同（距与拒）或相近（圉和御），临时借用一下，实际上是写了一个别字。这叫做假借或通假。假也是借的意思，不是真假的假。文字学上所谓假借，范围比较大，大体可以分为造字的假借和用字的假借两类。造字假借就是所谓“本无其字，依声托事”。例如，“其”字原是“箕”的本字，而后产生的代词“其”，和“箕”读音相近，于是，没有另造新字而借用了这个原来指“箕”的“其”来表示。同类的例子，如“難”字，本是鸟名，借用来表示难易的“难”。“易”字也是假借字，它原是指蜥蜴。又如，“而”字本来指胡须，但也很早就借来用作连词“而”了。“六书”里的假借就是这个意思。另一类用字假借是指本有其字，同音通假。这是说某些词本有常用的正字而不用，却借用了一个音同或音近的字。例如，智慧的“慧”本有个常用的“慧”字，可是《列子·愚公移山》：“甚矣汝之不惠！”却假借“惠”为“慧”。“距”借为“拒”，“圉”借为御，正是这类情况。语文课本对这种假借也用“同”字来表示，这个“同”就不能看作等号了。

第三是“说同悦”、“文同纹”。“说”和“悦”、“文”和“纹”也是两个意义不同的词。乍看也像是假借，但是，它们和第二种情况不同。因为在早期的经籍里，没有“悦”字和“纹”字，凡表示喜悦的“悦”和花纹的“纹”，都分别用“说”字和“文”字。后来，“说”字又用于“说话”的意义，“文”字又引申出“文章、文字”等意义。这就造成了一字多义的现象。于是，人们另造一个“悦”字表示“喜悦”的意义，以区别于“说话”的“说”；造一个“纹”字表示原来“花纹”的意义，以区别于“文章、文字”的“文”。就“喜悦”和“花纹”的意义说，“说”和“文”是较古的字，“悦”和“纹”是比较后起的字，所以，这一种就叫做古今字。同类的例子，如“反”和“返”、“责”和“债”、“舍”和“捨”、“知”和“智”、“昏”和“婚”等。这类古今字用“某同某”来解释时，也不能把“同”字理解为等号。

正是由于有上述三种不同的情况，所以，在注释中一律采用“某同某”的形式就显得不够确切、恰当，自然也不够科学。因此，一些古文选注本或新编字典除了“同”字还增用一个“通”字，即除了用“某同某”，还用“某通某”的形式。例如，中国青年出版社出版的《历代文选》和商务印书馆的新版《辞源》。《历代文选》在使用“同”和“通”两个术语时似乎比较随意，我们看不出它是怎样区别这两个术语的用法的。比如，它对《荀子·劝学篇》的注释中有下面一些例子（《历代文选》上册90—100页，1978年北京第3次印刷）：

（1）“虽有槁暴，不复挺者，輮使之然也。”注：“暴通曝。”“輮通煣。”

（2）“则知明而行无过矣。”注：“知同智。”

（3）“靖共尔位，好是正直。”注：“靖同静。”“共同恭。”

（4）“假舟檝者，非能水也，而绝江河。”注：“檝同楫。”

“檝同楫”是异体字，大概凡异体字都用“同”。但是“暴”和“曝”、“知”和“智”都是古今字，一用“通”，一用“同”；“輮”和“煣”、“靖”和“静”、“共”和“恭”都是假借字，有的用“通”，有的用“同”，这样反而造成混乱，还不如都只使用一个“同”字。

新版《辞源》（据第三版）使用这两个术语时，看来有比较明确的分工，即异体字用“同”，假借字和古今字用“通”。例如，“効，同效”（上册509页）、“嘆，同歎”（上册 753 页）是异体字；“伯通霸”（上册 260 页）是假借字；“大通太”（上册 908 页）是古今字。但是，古今字用“通”字是不够科学的，因为“通”是通假的意思。被通的字是本有其字的。而古今字恰恰相反，如“伯通霸”，被通的字反而是后起的。以古通今，这是不符合文字演变的历史的。所以，我们认为把古今字和假借字等同起来，都采用“某通某”的形式也是不妥当的。

商务印书馆新出版的《古汉语常用字典》为了区别这三类字采取了一个新的办法。这就是异体字用“某同某”；通假字用“某通某”；古今字既不用“同”，也不用“通”，而用“这个意义后来写作某”的方式。例如，“反，③返回。《孟子·公孙丑下》：‘孟子自齐葬于鲁，反于齐，止于嬴’。这个意义后来写作‘返’”（99 页）。“文，①线条交错的图形，花纹。《周易·系辞下》：‘物相杂，故曰文’。王充《论衡·言毒》：‘蝮蛇多文。’这个意义后来写作‘纹’”（400 页）。这是比较科学的。但是，《古汉语常用字典》旧版也还没有完全贯彻落实这个方法，特别是在例句的注释里，“同”和“通”的使用还有些混乱。如第 1 页“暖”字条下引屈原《离骚》例，“时暧暧其将罢兮”，注：“罢同疲。”“疲”是“罢”的假借字，此处“同”字当改用“通”字。新版时已做了订正。王力先生主编的《古代汉语》初版的注释也和中学语文课本一样，无论异体字或古今字一律用“某同某”。但 1980 年王力先生主持修订后《古代汉语》采取了《古汉语常用字典》的办法。这是很好的。希望今后中学语文课本的修订和其他新编的《古代文选》（包括各类《古代汉语》和《古典文学作品选》）都能注意科学使用“同”和“通”两个注释术语。

（原载《语文园地》1980 年第 1 期）

六、个别字的读音问题

1. 唐诗“乡音无改鬓毛衰”的“衰”字的读音*

唐代诗人贺知章的名篇《回乡偶书》(其一)已选入初中语文课本第一册，有初等文化水平的人大都能背诵，但对“乡音无改鬓毛衰”的“衰”字读音往往拿不准，或有不同的看法。这里谈点个人的意见。

---

* 1996年1月28日《太原晚报》第3版“开卷有益”栏发表题为《少小离家老大回》的书信，作者张石山认为“乡音无改鬓毛衰”的“衰”字应读shuāi，说读cuī是错误的，并举出山西平遥方音为证。读者魏仲明同志有疑问，写信给北大中文系求教。系领导让我答复，因而写成此文。

“衰”字在现代普通话里有 3 种读音：

（1）读 suō，同“蓑”。《说文·衣部》：“衰，草雨衣。”经传古籍多作“蓑”，本是以草编成的雨衣，南方多用棕榈毛制作，俗称“蓑衣”。《集韵·戈韵》：“衰、蓑，苏禾切”。“衰”字这一音义，现代口语里已不用了，完全为“蓑”字所替代。

（2）读 cuī。常用的意义有二：一是指旧时的一种用粗麻布制成的丧服，后来又写作“缞”。《广韵·灰韵》：“缞，长六寸傅四寸，亦作衰。”注：“仓回切。”二是用于“等衰”，即由大到小依一定等级递减的意思，如《左传·桓公二年》“故天子建国，诸侯立家，卿置侧室，大夫有贰宗，士有隶子弟，庶人工商各有分亲，皆有等衰。”引申为减退。《广韵·支韵》：“衰，小也，减也，杀也，楚危切。”这些用法多见于古典诗文，现在也很少用了。仓回切与楚危切，今音都读 cuī。

（3）读 shuāi。衰微、衰落、衰弱的意思。《论语·微子》：“凤兮凤兮，何德之衰！”《广韵·脂韵》：“衰，微也。所追切。”这也是现代常用的音义。

那么，“乡音无改鬓毛衰”的“衰”字读音又是什么？读 shuāi，还是读 cuī？此处“衰”字的意义很明白，是指鬓毛减少、疏落，而不是衰老的意思。再从整首绝句的韵脚来看，与“衰”字相押的是首句“少小离家老大回”的“回”和末句“笑问客从何处来”的“来”。此三字在“诗韵”即“平水韵”中属同一灰韵，它们的韵腹（主要元音）和韵尾本相同，大抵都是［-ai］，唯韵头（介音）开合有别。宋元以后，由于语音发生演变，北京话和其他许多北方话原灰韵的开口（即《广韵》的咍韵）字，如“该、开、咍、孩、皑、哀、胎、台、来、哉、猜、才、鳃”等，其韵母变读为［-ai］；而合口（即《广韵》的灰韵）字，如“瑰、盔、灰、回、桅、摧、衰、堆、颓、雷、杯、裴、胚、梅”等，其韵母则变读［-uei］或［-ei］。

因此，无论从字的意义或全诗的用韵来看，这句诗中的衰”字自然当读为 cuī。不仅我们在课堂上这样讲读，人民教育出版社统编的中学语文课本初中第一册、中国社会科学院文学研究所选编的《唐诗选》（上册，人民文学出版社，2003 年，第 68 页）和上海辞书出版社出版的《唐诗鉴赏辞典》（1983 年，第 52 页）也都注读 cuī。而且有的版本“衰”字作“摧”。

有人说，“衰”念 cuī，虽与“回”字同韵，但与“来”字韵腹不同，不能相押。这是现代读音的不同，如上所说，是语音演变的结果。而在贺知章所处的唐代无疑是同韵相押的。这种古代诗韵本来是很谐和的，由于历史发展，变得不相押，是很普遍的现象。例如，杜甫《陪郑广文游何将军山林十首》之四 :“旁舍连高竹，疎篱带晚花。碾涡深没马，藤蔓曲藏蛇。词赋工无益，山林迹未赊。尽捻书籍卖，来问尔东家。”韵脚“花、家”和“蛇、赊”，在唐韵里本同属麻韵，今普通话和一些方言里也分化为不同的韵母了。

有人说，把“鬓毛衰”的“衰”读作 shuāi 或读同“揣”（chuāi），这首绝句就押韵了。这种主张显然有问题，既不符合字义，也背离古韵及其演变规律。因为古诗韵“平水韵”的灰韵合口字，今普通话没有读 -uāi 韵母的，况且灰韵属蟹摄一等韵，无知、照系声母字，因而不可能有演变为卷舌声母的字。只有止摄脂韵合口字，今有读 -uai 韵母的，如“揣、衰（老）、帅、率（领）”等。而这首诗押的是灰韵，而不是脂韵，而且还有“回”字，普通话也不念 huái。

有人说，用方言念这首诗的韵脚“回、衰、来”就押韵了，因为方言里保存较多的古音，比如山西平遥话。但我国方言复杂，发展不平衡，各地方言所保持的古音成分也颇不一致。读起古诗来究竟该按哪种方言呢？如用你的平遥家话，读贺知章这首《回乡偶书》，是和谐了。但读杜甫的《陪郑广文游何将军山林十首》之四就不见得押韵了，因为平遥方言里“花、家”和“赊、蛇”韵腹也不一致，属于不同的韵（参看侯精一、温端政主编《山西方言调查研究报告》，山西高校联合出版社，1993年）。然而，南方某些方言区的人读来又相谐了。又如李商隐《登乐游原》：“向晚意不适，驱车登古原。夕阳无限好，只是近黄昏。”韵脚“原”和“昏”在平水韵中属元韵，自然相押，而现代南北许多方言（包括普通话和平遥话），两字韵母都不同了。主张用方言读古诗的先生又如何改读才相押呢？

所以，我们赞同国家教委的决定：在全国推广普通话，在各级各类学校里提倡学习普通话。特别是语文教学，无论念课文（包括古今散文）、朗诵古代诗歌都应该用普通话。凡遇有韵而读来不相押的地方，可以告诉学生：这是古今音的不同。诗歌韵文的时代越古，现在读来不相押的地方也越多，不足为奇。从而帮助学生树立正确的唯物史观。

至于个人喜欢用自己的方言读古诗，闭门高声吟诵，那是个人的爱好和自由，旁人听不懂无关紧要。这犹如我们国家推行简化字，你个人习书法，喜欢写写繁体，也悉听尊便，但不能强求别人跟你去学你的家乡话。

（原载《太原晚报》1996 年 5 月 7 日。又载《语文修养与中学语文教学》，北京大学出版社，1997 年）

2."殽""崤"等字的读音

徐伟民老师给《语文建设》编辑部的来信指出，当前中学课本与一些具有权威性的工具书对"殽""崤"二字的注音很不统一，令人无所适从，呼吁尽快加以规范，以利于语文教学。（徐伟民老师的来信刊于《语文建设》1998 年第 8 期）我认为这是很有道理的，应引起有关部门和语音研究者的重视。这里谈点个人的意见和建议。

"殽""崤"和"爻""肴""餚""淆"等字，古本同音，在唐代《切韵》写本与宋代《广韵》里，属下平五肴第一个小韵，注"胡茅反"或"胡茅切"，宋代

《集韵》改以“爻”字为韵目及小韵首字，注“何交切”。唐宋时的古籍注释也有注“户交反”或“胡交切”的，例如，陆德明《经典释文》“春秋左氏音义”之二，于僖公三十二年传“晋人御师必于殽”（见《殽之战》一文）之“殽”，即注作“又本作‘崤’，户交反”。切上字“胡、何、户”都是古匣母字，隋唐时代是个全浊喉擦音［ɣ］。而肴韵属开口二等，其韵母本无［i-］介音，一般构拟为 ao［au］。宋元以后，肴韵中声母为牙喉音（即舌根音和零声母）的字，逐渐产生一个［i-］介音。如“交”字，原读 gɑo［kau］，后来演变为 jiāo。“胡茅切”里的切下字“茅”，声母为唇音明母，故无介音，读 máo。但和喉音匣母切上字“胡”相拼切，被切出来的音则为 xiáo（隋唐时代读［ɣau］，后来全浊声母清化，韵母中又产生［i-］介音，故变读为 xiɑo［çiɑu］。这就是说，依照汉语语音历史演变的一般规律，“殽”“崤”和“爻”“肴”“餚”“淆”等同一小韵的字今音都应读 xiáo。

元代周德清的《中原音韵》第十一萧豪韵部中收“爻、肴、淆、殽”四字为一同音字组，据同时代的标有八思巴文译音的《蒙古字韵》（民族出版社，1987 年校本，第 114 页），可以知道它们已读 xiáo。我们查阅过明清时代的一些韵书、韵图和字书，尚未发现这组字有读 yáo 音的。《康熙字典》对这些字（分列在从山、从水、从殳、从爻、从肉、从食等部首里）的注音，都不出胡茅切、何交切和胡交切，亦即一律读 xiáo。民国初年的《中华大字典》（中华书局，1915 年），均用《集韵》“何交切”）和初版《辞源》（商务印书馆，1915 年，1931 年又出续编）、《辞海》（上海中华书局，1936 年）（两书均据《音韵阐微》作“奚巢切”，直音“爻”或“肴”）以及民国十年（1921）年教育部公布的《校改国音字典》（商务印书馆，1923 年，注音ㄒㄧㄠ、匣开平肴）也都继承这个读音（xiáo）。

据现有的材料看，“爻”“肴”等字的 yáo 的读法，首见于民国二十一年（1932 年）5 月教育部公布的《国音常用字汇》。［据民国三十八年（1949 年）8 月初版《新部首索引国音字典》黎锦熙先生的序言所记，也许这个读音早已见于民国二年（1912 年）读音统一会所审议的《国音汇编》。因为民国二十一年（1932 年）的《国音常用字汇》“实为恢复民二‘国音汇编’之旧”，“并指定北平地方的现代音系为国音之标准”。遗憾的是笔者至今未见到《国音汇编》] 它对“爻”“肴”“餚”“崤”“淆”“殽”等六字都标注音符号丨ㄠ和国语罗马字母 yau（教育部国语统一筹委会编，商务印书馆发行，第 249 页）。自民初“读音统一会”成立后，在标准音上一直存在两派之争，京音派坚持以现代北京音为“国音之标准”，而国音派则主张“以数百年来全国共同遵用之读书正音”。就“爻”“肴”等字来说，京音派念丨ㄠ（yáo），国音派读ㄒ丨ㄠ（xiáo）。20 世纪 30 年代以后京音派占了主导地位。不过为了“酌古准今”，又同意加了一些“又读”（或称“读书音”）。例如，民国二十六年（1937 年）3 月初版《国语辞典》（中国大辞典编纂处编，钱玄同、黎锦熙、赵元任校订）用注音符号和国语罗马字母注音：“爻”和“肴（餚）”有两读“①丨ㄠ，yau，音腰；②ㄒ丨ㄠ，shyao”（4009 页）；“淆”“崤”“殽”仅一读“丨ㄠ，yau，音腰”。（4010 页）。又民国三十八年（1949 年）8 月初版《新部首索引国音字典》（中国大辞典编纂处编，中国大辞典编纂处总主任黎锦熙主编，商务印书馆出版）也是这样注音的，只用注音字母，不注国语罗马字母：“爻：

（一）丨幺摇阳，（二）丅丨幺效阳（读音——藩按：即读书音）”（190页中），“肴：（一）丨幺摇阳，（二）丅丨幺效阳（又读）”（256页右），“餚：（一）丨幺摇阳，（二）丅丨幺效阳，同‘肴’”（374页右），而“崤”（83页右）、“淆”（172页右）、“殽”（159页中）均“丨幺摇阳”一读。这些材料表明，20世纪初以来北京人的口语里已将“爻”“肴（餚）”等字念作yáo，而读书音可能还有念xiáo的。

“爻”“肴”等字的yáo的读法，追溯起来，与《集韵》的“于包切”有历史对应关系。《广韵》肴韵下有一“侑”字（义为“痛声”），只有一读，即和“肴”“爻”等同读“胡茅切”（今读xiáo）。而《集韵》爻韵下，“侑”字（注引《说文》：“刺也，一曰痛声。”）不仅与“爻”“肴”等同读“何交切”，而且在韵末，还与“虠”字另增一小韵，读“于包切”。切上字“于”和“羽、云、有、王、为、永”等属喻母三等（或称“云母”或“于母”）。中古早期喻三本归匣母，即以“于、云、羽”等作切上字的被切字在隋以前也读全浊喉擦音［ɣ］。唐宋以后喻三从匣母里分出，与喻四合流，逐渐演变为零声母。这就是“爻”“肴”

等字读 yáo 的来历和依据。

但是过去的辞书，除《国音字典》、《国语辞典》之类以注读 yáo 为主，一般都依传统的韵书、字书，据胡茅切或何交切，注读 xiáo，特别是适用于学习古代汉语的工具书和古书的注解更是如此。

新中国成立后新编的《新华字典》（魏建功先生主编）对这组字的注音采取一种兼顾历史来源与口语实际的折中办法："爻""肴（馐）"读丨ㄠ（yáo），又读ㄒ丨ㄠ（xiáo）（商务印书馆，1957 年新版"又"字加圆括号置ㄒ丨ㄠ之后，1990 年版"又"字改作"旧读"），而"崤、淆（殽）"等字则读ㄒ丨ㄠ（xiáo），无"又读"。《现代汉语词典》（商务印书馆 1973 年初版以来诸版）则干脆不加注"又读"或"旧读"，也不标出该词典常用的术语"（口）"或"（书）"；明确区分"爻、肴（馐）"读 yáo，而"崤、淆、殽"读 xiáo。《古汉语常用字字典》（商务印书馆）对这组字的注音和《现汉》基本相同，稍有不同的是它要顾及古籍中的异体通用与同音通假、一字两用或数用的现象，即字义不同，读音也有别。例如，"殽"（xiáo）字《古汉语常用字字典》（1993 年修订版，第 311 页；1979 年第 1 版，第

404 页）有 3 个义项：①混杂，错乱。②通“崤”，山名。（如“殽之战”）都读 xiáo（ㄒㄧㄠ），而③同“佳肴（馐）”之“肴”，则在义项前注读 yáo。可见，这种处理（“殽”读 xiáo，又读 yáo），不是任意的，也异于《新华字典》的“又读”或“旧读”。

就“殽”字来说，它在古籍中还有一种用法，即通“效”，作“效法”讲，读 xiào（与《集韵》去声效韵“后教切”相对应），此音及其意义，现代已不用了，古籍中也不太常见，故《古汉语常用字字典》未收入。

《辞源》（修订本）和新编《汉语大字典》、《汉语大词典》对“爻、肴”等一组字的注音，基本上同《现代汉语词典》与《古汉语常用字字典》，但都有处理不当之处。例如，《辞源》（修订本）第二册（商务印书馆，1980 年）1960 页“殽”字条：① xiáo（ㄒㄧㄠ），有（一）混杂、（二）菜肴、（三）带骨的肉、（四）山名（即同“崤”）等四个义项，其后说明“（二）、（三）、（四）也读 yáo”。但在本册 918 页“崤”字条下只有 xiáo 一读，并未加注又读 yáo；又第三册（1981 年）2545 页“肴”字条和第四册（1983 年）3432 页“馐”字条都只有 yáo 一读，亦未注又读 xiáo，内部不统一，前后没有照应。（2015 年第三版有改进。）

《汉语大字典》（四川、湖北）“殽”字在第三卷（1988 年）2160 页上。它的（二）yáo 音下第①义项“山名”，也未照应到第一卷（1986 年）781 页：“崤”字的注音 xiáo（又读 yáo）。

《汉语大词典》（上海）也存在同样的问题。第三卷（1989 年）837 页“崤”字明明注读 xiáo，而第六卷（1990 年）1494 页“殽 2”（yáo）第②义项“同‘崤’，古地名”，也失去了照应。正确的处理宜将此义项移至后面“殽 1（xiáo）”条，即在［殽 1］的注音（xiáo）之下分立两个义项：①错杂；②同“崤”。

新修《辞海》（上海辞书出版社，1980 年缩印本）的注音又有较大的不同：“爻”（325 页）、“肴（餚）”（328 页）、“崤”（793 页）都读 yáo；而“淆”（965 页）读 xiáo，又读 yáo。“殽”（1532 页）有三个义项：（一）“淆”的异体字（未注音，依上文大概读 xiáo，又读 yáo）；（二）（yáo）①同“肴”，②山名；（三）（xiáo）通“效”。其内部虽无明显矛盾，但注音比较繁复，而且单将“崤”字及“殽”作山名（即同“崤”）用，注读 yáo，与《新华字典》以来几种重要的辞书的处理（均读 xiáo）有所不同（与旧时《国语辞典》、《国音字典》也有异），实在令人费解。

以上诸种辞书对“殽”“崤”的注音分歧、处理不一致，可能就是徐伟民老师感到无所适从、指责它“是一种怪现象”的原因。

我最近询问过北大附小两个五年级学生，他们对这组字不全认识，但他们非常肯定地回答：“佳肴”的“肴”读 yáo，“混淆”的“淆”读 xiáo。这是从他们的老师那里学来的，而老师显然是根据《新华字典》和《现代汉语词典》来教导学生的。因此，我建议，这组字的注音，应以《现代汉语词典》和《古汉语常用字字典》为标准，即“爻、肴（餚）”读 yáo，而“崤、淆、殽”读 xiáo，一律不加“又音”或“旧读”。当“殽”通假为“肴（餚）”时，就读 yáo；通假为“效”时，就读 xiào。

语音规范化的依据固然要兼顾历史来源和口语习惯，但还有一个重要原则，那就是简单明确，便于掌握。

（原载《语文建设》1995 年第 1 期）

3. 关于“阙”字的读音

湖南隆回县二中张怡春老师来信提出：“新编高中语文第一册《烛之武退秦师》中有一句：‘若不阙秦，将焉取之？’编者注‘阙’读 jué，释义为‘侵损，削减’。释义姑且不论，这注音总觉不妥。与我有同感的不乏其人。不过众说纷纭，莫衷一是。如《语文学习》2001 年第 2 期第 31 页上常建中老师的补白文章《“阙秦”与“切磋”》认为“阙”当读 quē，阴平，依据为《辞海》。而《中学语文教学》2001 年第 4 期第 54 页上郭怀仁老师的文章《谈谈新高中〈语文〉第一册字词注音问题》则认为‘阙’当音 què，去声，依据有《古汉语常用字字典》等。”接着，张怡春老师表示自己同意郭怀仁老师的意见，并说：“《说文解字》释‘阙’为‘门观也’，即为宫门前两边的楼，中间空缺。‘若不阙秦’的‘阙’当是由本义引申，名词活用作动词，使动用法，让秦国像门观一样残缺，意即晋将从秦国夺取土地。但凭直觉，终究缺乏资料和论证，而且不知‘阙’在何时有 quē（阴平）音义，何时有 jué 音义？”因此，张老师建议我在《语文学习》上对这个问题作个公开回答。本文试着谈点个人的意见，也不一定正确，仅供参考。

“阙”字在《广韵》入声月韵，读“去月切”，注云：“门观也；……又失也，过也，不供也；又姓，出下邳。”这是现代汉语“阙”读 què（去声）和 quē（阴平）的来源或依据。而在《集韵》的月韵里，“阙”字除了读丘月切（丘、去同为古溪母，其释义基本同《广韵》[一]），还有“其月切”一读，注云：“掘，穿也。或作‘阙’、‘撅’。”[二]这就是《左传·郑伯克段于鄢》中“阙地及黄泉”之“阙”。《说文通训定声》：“阙，假借为掘。”由此可见，新编高中《语文》第一册将“若不阙秦”的“阙”注音为 jué，确乎不妥。我询问了人民教育出版社的编审熊江平先生，他在电话里承认，这是他们的疏忽，表示应当更正。

现在的问题是，原为去月切，后来为何分化为 què（去声）和 quē（阴平）两读？又是什么时候开始分化的？查元代《中原音韵》（1324 年），“阙”字在

〔一〕《集韵》释义是：“阙，《说文》：‘门观也’；一曰：‘乏也，空也’。”

〔二〕《广韵》“其月切”下有“撅”字，而未收“阙”字。

车遮韵，读 kiue（即已由入声韵转化为阴声韵），声调是“入声作上声”，同音字有“缺、阕”〔一〕。此“缺、阕”二字原属《广韵》入声屑韵，读苦穴切。其中“缺”又入薛韵，读倾雪切〔二〕。这不仅表明四等屑韵与三等薛韵早已不分，而且和三等月韵也合流了。“阙、缺、阕”三字的声母都是次清溪母，《中原音韵》读上声，符合其一般的演变规律〔三〕。到了明代徐孝的《合并字学集韵》（1602 年）里，三字都转读为去声〔四〕。这可能是“阙”字念去声的较早的记录。“缺”与“阙”同音。在徐孝的《等韵图经》里，其“拙摄第十七合口篇”靴韵溪母下则以常用的“缺”为去声代表字。

据我们现已掌握的材料看，“阙、缺”念阴平首见于清代李汝珍的《李氏音鉴》（1805 年）。其卷四第 8 页云：“‘阙缺’，区鞾切，此以入为平，有阴无阳，无

〔一〕 参看杨耐思：《中原音韵音系》，第 164 页，1981 年 10 月第 1 版，中国社会科学出版社。

〔二〕《集韵》“阕”字也有倾雪切一读。

〔三〕 古入声字在《中原音韵》里的演变规律是：全浊声母作阳平，次浊声母作去声，清声母字则一般作上声。

〔四〕 古入声字在《合并字学集韵》里已派入平（即阴平）上、去、如（即阳平）四声。

字可音之类也。‘厥蹶掘倔决撅’等此以入为平，有阳无阴。”又云：“‘却鹊确碏’，劝卧切，此以入为去，无字可音之类也。篇内反切与古迥异。”〔一〕而稍晚裕恩的《音韵逢源》（1840 年）所记录的“阙（que）”字读音又有了分化。在其第十酉摄震部（即撮口呼）〔二〕，“阙”字有阴平与去声两读，而“缺、阕”仅读阴平。这可能反映了当时北京口语的实际读音。

民国时期出版的字典、辞书，除了初期的《中华大字典》（中华书局，1915 年）、《实用学生字典》（商务印书馆，1917 年）等仍将“阙”字注为入声“曲噦切”〔三〕，一般国音字典或国语词典则如《音韵逢源》注“阙”为阴平和去声两读，且多用注音字母：ㄑㄩㄝ（去声加ˋ，阴平不加ˉ）。或同时用罗马字母：chiue

---

〔一〕参看杨亦鸣：《〈李氏音鉴〉音系研究》，陕西人民教育出版社，1992 年。

〔二〕《音韵逢源》的韵母系统分地支 12 摄，乾坎艮震四部（即合口、开口、齐齿、撮口四呼）与巽（上平声，即阴平）、离（上声）、坤（去声）、兑（下平声，即阳平）四声。著者裕恩，满族人。

〔三〕“噦”字在《广韵》有 3 读，即入声月韵於月切、薛韵乙劣切和去声泰韵呼会切。前二音均为“逆气”义，后一音义为“鸟声”。

（阴平），chiueh（去声）。例如，《国音分韵常用字表》（又名《佩文新韵》，黎锦熙、白涤洲编，北平人文书店，1934年）、《国语辞典》（中国大辞典编纂处，汪怡等编纂，黎锦熙、赵元任、钱玄同校订，商务印书馆，1937年初版）、《新部首索引国音字典》（中国大辞典编纂处，黎锦熙主编，商务印书馆，1949年初版）等〔一〕。其去声一读，一般用于"阙"的①古宫门外之望楼，即门观，②称帝王所居，③墓道外所立石碑坊，即神道，④姓氏等释义；其阴平一读，则多用于①过失，②与"缺"通，即空缺、缺乏、残缺等释义。可见，"阙"读去声为读书音，是一种表示书面上的有文言色彩的用法；而读阴平是一种较后起的俗音或口语音。20世纪50年代以来编辑、出版的《新华字典》《现代汉语词典》《古汉语常用字字典》《新华词典》《辞海》《辞源》《汉语大词典》《汉语大字典》等基本上都是依照这一原则处理"阙"字的读音的。当然，就《左传·烛之武退秦师》"若不阙秦，将焉取之？"中

〔一〕后来台湾出版的字书、辞书也多继承这种做法。如《中文大辞典》（林尹、高明主编，台北中国文化学院出版部，1968年）等。

之“阙”字，各书凡引证此例的注音仍存在分歧。例如,《汉语大字典》[一]读 quē（阴平），而《古汉语常用字字典》读 què（去声）。后者就是考虑到“阙秦”之“阙”，义为损害，是个文言词语。正如张怡春老师指出的，“阙”的这一“损害”义是由其本义“门观”间接引申而来的。我是《古汉语常用字字典》的编者之一，所以，这也是我个人的意见。不过，“阙”既又通“缺”，而“阙秦”之“阙”，又可视其为“缺损”义引申来的，注读 quē（阴平），也不能算错。在这种情况下，就需要进行规范。这只有请国家语委普通话审音委员会研究审定了。

（原载《语文学习》2002 年第 9 期）

4. “库”“厙”二字形音考辨
——答田余庆教授垂问

“库”,《说文》:“兵车藏也，从车在广下。”段

〔一〕《汉语大字典》引证的是此文另一句 :“阙秦以利晋，惟君图之。”

玉裁注："会意，车亦声，苦故切（今读 kù）。"《广韵》去声暮韵。"车"，《广韵》平声麻韵尺遮切（今读 chē），又鱼韵九鱼切（今读 jū）。先秦两汉古音"库"与"车"字同属鱼部。

"厍"，《说文》未收，亦不见于唐以前之字书韵书。《广韵》去声祃韵："厍，姓也"，音始夜切（今读 shè），"又昌舍切（今读 chè）"。昌舍切，即充夜切，但本韵缺。宋本《玉篇》有两读：尸夜切（即始夜切）与尺舍切（即充夜切）。《集韵》与《类篇》均式夜切，又充夜切。从车之字上古皆属鱼部；"车""厍""库"三字古声母齿音章组与牙音见组亦相近或相通。

《正字通》："厍，式夜切，音赦，人姓。《后汉书·窦融传》：'金城太守厍钧'。《前汉书音义》曰：'厍姓为仓库吏後'（与今本《后汉书》所引略有出入），按天台括苍有厍姓。杨慎《千家姓》跋云：'厍之音赦，本库字，去其上点无义'。"可知"厍"字实为"库"之俗写。《广韵》去声暮韵"库"字下注引《风俗通》云："古守库大夫之后以官为氏，后汉辅义侯库钧。亦虏复姓二氏，周有少帅库狄峙，又有库门氏；亦虏三字姓，前燕录有岷山桓公库傉官泥。"由于古代"库"

字兼为汉人与少数民族的姓氏，后人不审暮、祃二韵字上古多为鱼部，遂取姓舍（赦）音者，改作“厍”；又读昌舍切（充夜切、尺舍切）者，殆亦以“舍”之古音若“遮”所致也。

2006年10月10日

附　录

1. 唐明皇改经

唐代开元十三年（725年）的一个夜晚，皓月当空，唐明皇李隆基信步来到御书房。他在书案前坐下，随手翻开昨夜未读完的《尚书》，便高声朗读起第四卷《周书》。当读到《洪范》一章“惟十有三祀，王访于箕子……无偏无颇，遵王之义，无有作好，遵王之道”的时候，总感到不顺口。他反复读了三遍，觉得“好”与“道”是谐和的，而“颇”与“义”却不协韵。他想起了《周易》“泰卦”中“无平不陂”一句，其中“陂”字既读为“皮”，又读为“颇”音，“陂”跟“颇”都一样有不平的意义。于是，唐明皇决定下一道命令，将这里的“颇”字改为“陂”字。那时候，皇帝的敕令一出如山倒，谁个敢不遵照执行。从此以后，《尚书》中的“无偏无颇”就改成“无偏无陂”了。（只有唐以前引用这句话的古籍如《吕氏春秋》还保持原来的写法）

这个故事虽然不见于正史新、旧《唐书》，但是，看来很可能是真实的。唐明皇虽然通音律，会吟诗作曲，但是，他不懂古音，不了解语音的发展变化，不明白古音不同于今音的道理，所以，会闹出这种随意改经的笑话。

就音韵学来说，在《尚书》时代，“无偏无颇”与“遵王之义”本来是押韵的。“颇”字和“义”字同属上古音的歌部。从上古韵文来看，“颇、义”及歌部的其他字都是可以互相押韵的。如《诗经·召南·羔羊》第一章：“羔羊之皮，素丝五纶。退食自公，委蛇委蛇。”叶“皮、纶、蛇”；又《鄘风·相鼠》第一章：“相鼠有皮，人而无仪。人而无仪，不死何为？”叶“皮、仪、仪、为”；又《小雅·菁菁者莪》第一章：“菁菁者莪，在彼中阿。既见君子，乐且有仪。”叶“莪、阿、仪”；又《大雅·既醉》第四章：“其告维何？笾豆静嘉。朋友攸摄，摄以威仪。”叶“何、嘉、仪”。可见，这不是偶然的。直到汉代，韵文里仍然如此。譬如扬雄《太玄经·争》：“阳气汜施，不偏不颇。物与争讼，各遵其仪。”叶“施、颇、仪”。这说明在两汉以前，“皮、颇、义、仪”等字的韵母是相同或者很相近的。

再从谐声来看，“颇”字从“皮”得声，同谐声的还有“波、坡、跛、簸、诐、帔、披、铍、彼、被、疲、鲏”等；“义（義）”字从“我”得声，同谐声的还有“俄、莪、峨、娥、硪、蛾、饿、仪、轙”等，它们在上古都是歌部字。“波、颇、我、娥”等字的今读更接近于歌部的本音。在《广韵》则属果摄歌、戈韵，而“皮、披、义、仪”等字的读音乃是汉魏以后的音变，在《广韵》则归止摄支韵了。唐明皇把“颇”字改为“陂”字，正是以隋唐音去规范先秦的古音，把变音当作本音了。

2. 齐桓公谋伐莒

据《吕氏春秋·重言篇》记载，春秋时代，齐国霸主齐桓公一天在朝廷上接见群臣之后，留下宰相管仲一人。君臣俩密谋进攻莒（jǔ）国。莒国是齐国南边的一个小国。但它不甘处在齐国的卵翼之下，常闹点独立事件。因此，齐桓公主张去讨伐一下莒国，管仲也很同意。可是事未发，很快就被国人知道了。齐桓公觉得很奇怪，就把管仲叫来，问他这是怎么回事。管仲想了想说："咱们朝廷里一定出了'灵人'。"齐桓公说："对了，咱们那天商议伐莒的时候，我远远地看见几个大臣还站在宫殿门口。我真怀疑他们。今天可把他们叫进宫来问问。"过了一会儿，大夫东郭牙来到宫门前。管仲指着他说："此人一定是把消息传了出去的'灵人'了。"于是，派礼宾官员请他上了朝廷。管仲对他问道："东郭先生，你是传播伐莒消息的人吗？"东郭牙毫不犹豫地回答说："是的，就是我。"管仲说："我作为宰相从来没有跟你讲过要进攻莒国的事，你为什么要这么说呢？"东郭牙道："俗话说，'君子善谋，小人善意'。我是私下里会意出来的啊。"管仲有点急了，问道："我没对你谈过伐莒，你是凭什么揣测出来的？"东郭牙不慌不忙地回答道："我当然不是瞎琢磨。我有三方面的根据。第一，那天齐侯把你留下来，我远远地望见你在齐侯面前表现出满脸骄傲自信的神情，这显然是像要用兵的样子。第二，你和齐侯说些什么，我当然没听见，可是，你的嘴巴‘呿（qū）而不唫（jìn）’，这表明你要进攻的国家就是莒国了。第三，我见你举臂所指的方向正是南边。而且我想眼下诸侯不听从咱们齐国的也只有南边这个小小的莒国。所以，我推测出齐侯已下了决心要去讨伐莒国。因此，也就跟别人讲了。”齐桓公和管仲密谋伐莒，原以为只有他们君臣两人知道，结果还是被泄漏出去了。这个故事除了《吕氏春秋》，还见于《韩诗外传·四》、《说苑·权谋篇》及《论衡·知实篇》。

东郭牙的三个根据，第一、第三这两个容易理解。第二个是什么意思，说明什么问题呢？东郭牙说他远远望见管仲的嘴“呿而不唫”，因而断定他说的是“莒”。“呿”和“唫”何解？东汉高诱注：“呿，开；唫，闭。”这就是说，在上古时代，念“莒”字，嘴巴是张开的，不是像现代普通话这样读“莒”为jǔ，嘴巴是收闭的。那么，上古的“莒”字该怎么念呢？这反映了音韵学上的一个重要问题。

据古音学家考证，“莒”字在上古声纽为见母，韵属鱼部。见母古念g［k］，这是没有问题的。鱼部如何念？问题比较复杂。我们知道，上古鱼部包括《广韵》的鱼语御、模姥暮、麻马祃等韵的字。这些韵字的韵母现代有的念 u，如“都、胡、书、古、鲁、祖、杜、布、故”等；有的念 ü [y]，如“居、於、鱼、余、雨、旅、许、莒、序、去”等；有的念 a 或 ia 或 ua，如“巴、马、祃、家、遐、牙、贾、下、嫁、瓜、夸、华、寡”等；有的则念 e [ə] 或 [iɛ]，如“遮、舍、者、社、野、也、邪、且”等。然而这些字在上古韵文里又是互相押韵的。例如，《诗经·周南·汉广》第二章：“翘翘错薪，言刈其楚。之子于归，言秣其马。”“楚”与“马”押韵。又《召南·采蘋》第三章：“于以奠之，宗室牖下。谁其尸之，有齐季女。”“下”与“女”相协。又《郑风·叔于田》第三章：“叔适野，巷无服马。岂无服马？不如叔也，洵美且武。”“野”与“马”、“武”押韵。又如，《左传·昭公二十五年》卫侯梦见浑良夫歌曰：“登此昆吾之虚，緜緜生之瓜。余为浑良夫，叫天无辜。”协“虚、瓜、夫、辜”。这种现象不是偶然的。它表明了这些互相押韵的字在上古主要元音是相同的或者是很相近的。古音学家把它们归纳为一个韵部，并以《广韵》的鱼韵韵目作为这个韵部的代表字。但这不是说，上古鱼部的字都念 ü [y]，现代的古音学家根据对音材料，运用历史比较法，证明上古鱼部的主要元音是一个接近 ɑ 的 [a] 或 [ɔ]。也就是说，在上古属鱼部字的“都”不念 du，而念 [dɑ] 或 [dɔ]；“野”，不念 ye，而念 [ia] 或 [iɔ]；“莒”不念 ju，而念 [kia] 或 [kiɔ]。发 [kia] 或 [kiɔ] 音的时候，嘴巴自然是张开的。正是根据“莒”字的发音口形，东郭牙才推测到管仲和齐桓公正在谋伐的是莒国。这个故事反过来也证明了上古鱼部的主要元音不可能是闭口的 u 或 ü，而是一个开口的 [a] 或 [ɔ]。现代念“莒”为 ju，那是语音演变的结果。

（原载《语言漫话》，上海教育出版社，1981 年）

唐作藩教授小传

唐作藩教授，曾用笔名若凡。1927年5月11日生于湖南省武冈县黄桥镇（今属邵阳市洞口县），祖籍邵东。1936年读私塾两年，1942年在黄桥镇高小毕业后，考入湖南武冈洞庭中学（今武冈二中），1948年毕业，考入广州中山大学语言学系。1949年由于学校罢课，休学回到武冈县，与同乡同学创办黄桥昭陵小学，被推举为校长，并担任地理课教员。1950年春，作为教育界代表出席武冈县第一届各界人民代表会议。9月，回中山大学复学，1953年7月毕业，留校担任语言学系助教兼系秘书，从岑麒祥先生学习语言学理论，开始走上语言学研究之路。1954年9月，随中山大学语言学系调至北京大学中文系，任汉语教研室的助教兼秘书，从王力先生学习汉语史与音韵学。先后开设过写作、语法修辞、音韵学、汉语史、古代汉语、古音学等课程。作为助手，曾协助王力先生完成修订《汉语史稿》工作。1960年晋升为讲师。1979年晋升为副教授，开始指导研究生和国内外高级进修生、访问学者。1985年晋升教授。曾兼任北京大学中文系副主任（1984—1989年）、《语言学论丛》编委、北京市语言学会常务理事、中国音韵学研究会副会长、两届中国音韵学研究会会长。1974—1991年先后到湖南韶山、山西太原、湖南邵阳和湖北咸宁协助王福堂教授指导学生进行方言调查实习。1992年获国务院颁发的有突出贡献证书，享受政府特殊津贴。

1993年退休以后被北京大学返聘任教至1999年。现为北京大学王力语言学奖基金会主任委员、评委会成员、中国音韵学研究会顾问、北京大学《语言学论丛》编委、《中国语言学报》编委及《中国语言学》学术委员。

唐作藩长期从事音韵学、汉语史和古代汉语的教学与研究工作，培养了多名国内外的汉语史专业研究生、进修教师及访问学者。1993 年退休以后其教学、科研及学术活动一直未辍。主要著作有《汉语音韵学常识》（1958 年初版，1999 年三版）、《古汉语常用字字典》（合作，1979 年初版，1993 年修订版，1998 年增订版）、《古代汉语》（上、中、下三册，合作，1981—1983 年，后改为上、下两册）、《上古音手册》（1982 年初版，2011 年增订版）、《音韵学教程》（1987 年，2016 年第 5 版）、《普通话语音史话》（1985—1987 年连载于《文字改革》和《语文建设》，2000 年出单行本）、《语文修养与中学语文教学》（合作，1997 年）、《王力古汉语字典》（合作，2000 年）、《中国语言文字学大辞典》（主编，2007 年）、《音韵学教程学习指导书》（2011 年）、《汉语语音史教程》（2011 年）等。其中，《古代汉语》、《音韵学教程》、《古汉语常用字字典》和《王力古汉语字典》曾先后分别获国家优秀教材奖、国家优秀辞书奖和国家图书一等奖。已发表论文 60 余篇，其中，《论清代古音学的审音派》、《四声等子研究》等 25 篇结集为《汉语史学习与研究》，2001 年已由商务印书馆出版。

20 世纪 80 年代中以来，先后应邀到美国、日本、韩国、中国香港、中国澳门、中国台湾等国家和地区出席国际学术会议（包括第 19 届、第 26 届国际汉藏语语言学研讨会，中国声韵学国际研讨会和澳门过渡时期语言发展方向问题国际研讨会等），并应邀到美国的密西根大学、俄亥俄州立大学、华盛顿州立大学，日本的仙台东北大学、东京早稻田大学、关东中国语学会，澳门大学、台北台湾大学、嘉义中正大学、高雄中山大学，韩国的成均馆大学、济洲大学、顺天大学等进行访问或讲学。2000 年北京大学返聘期满后，应清华大学聘请先后讲授音韵学课两个学期，2001 年 4—9 月又应聘到马来西亚国立马来亚大学任客座教授一学期，开设诗经与汉语音韵学课。他的简历或传略被收进国内外多种人物传记及辞书中。1997 年和 2007 年为庆贺其 70 岁和 80 岁华诞，他的同事、同窗和学生们汇集各人的研究成果编辑出版了《语苑撷英》和《语苑撷英（二）》两书。